本书得到国家社科基金青年项目"中国老年人口的死亡与余寿研究"（编号：17CRK004）的支持

中国老年人的失能轨迹与死亡风险

魏 蒙 ◎ 著

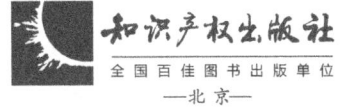

知识产权出版社

全国百佳图书出版单位

—北京—

图书在版编目（CIP）数据

中国老年人的失能轨迹与死亡风险 / 魏蒙著. —北京：知识产权出版社，2020.12
ISBN 978-7-5130-7345-5

Ⅰ.①中… Ⅱ.①魏… Ⅲ.①老人问题—研究—中国 Ⅳ.①D669.6

中国版本图书馆 CIP 数据核字（2020）第 257644 号

策划编辑：蔡　虹　　　　　　　　责任校对：潘凤越
责任编辑：高志方　　　　　　　　责任印制：孙婷婷
封面设计：回归线（北京）文化传媒有限公司

中国老年人的失能轨迹与死亡风险

魏　蒙　著

出版发行：知识产权出版社有限责任公司	网　　址：http://www.ipph.cn
社　　址：北京市海淀区气象路 50 号院	邮　　编：100081
责编电话：010-82000860 转 8512	责编邮箱：15803837@qq.com
发行电话：010-82000860 转 8101/8102	发行传真：010-82000893/82005070/82000270
印　　刷：北京虎彩文化传播有限公司	经　　销：各大网上书店、新华书店及相关专业书店
开　　本：787mm×1092mm　1/16	印　　张：12.25
版　　次：2020 年 12 月第 1 版	印　　次：2020 年 12 月第 1 次印刷
字　　数：158 千字	定　　价：59.00 元
ISBN 978-7-5130-7345-5	

出版权专有　侵权必究
如有印装质量问题，本社负责调换。

序

　　人口老龄化是人口转变的必然结局，也是人类社会的最终归宿。在 21 世纪的中国，老龄化已经成为中国社会的新常态，人口老龄化加速、高龄化趋势进一步凸显。与此相伴的是老年人失能风险的增加和失能老年人口规模的扩张，对长期照护、医疗卫生服务的需求急剧上升，这些变化将带来家庭和社会养老负担的日益加重。准确把握老龄化过程中的失能老年人口发展规律，降低老年人的失能风险，预测未来老龄社会的失能老年人口规模和长期照护需求，是积极应对人口老龄化的客观需要，也是中国政府和社会亟须克服的现实难题。

　　在此背景下，本书研究了中国老年人的失能轨迹，涵盖了失能的起点、终点、发展历程，并尝试对死亡风险进行预测。这些努力一方面可以为了解今后我国老龄人口失能状况的变化趋势提供科学依据，另一方面有助于准确识别未来需要长期照护的高风险人群，进而采取更有效的干预措施，以降低及推迟失能发生，促进健康老龄化，减轻家庭和社会的照料负担，引导合理配置医疗和护理资源。研究者综合生物学、心理学、社会学的研究发现，结合生命历程理论，建立了中国老年人失能轨迹及其对死亡风险影响研究的理论框架。在此框架下，模拟了城乡老年人群的多种失能轨迹，以及不同特征老年人群的失能轨迹特征，深入发掘了老年人失能轨迹的性别差异。此外，研究者分别对失访、存活、死亡老年人群的失能轨迹进行分析，提高了研究结论的科学性和可靠性。在此研究框架下，研究者不仅揭示和验证了失能轨迹对死亡风险的影响因素，而且得出了一系列具体的结论，如左利手的影响、性别差异等，并在此基础上提出了干预调节失能轨迹的具体措施。理论框架的建立和实证研究的结论、发现都具有重要的学术价值。

我衷心祝贺《中国老年人的失能轨迹与死亡风险》一书的出版，该书是作者三年博士生涯的结晶。希望作者今后继续努力，取得更多高水平的研究成果，为促进中国老年人口健康、完善老龄社会治理贡献更多的智慧和力量。

张文娟
2020 年 8 月 6 日

CONTENTS

目 录

第1章 绪 论 ·· 1
  1.1 问题提出 ·· 3
    1.1.1 人口老龄化和失能化形势日益严峻 ············· 3
    1.1.2 失能的界定与评估 ······························· 6
    1.1.3 失能：纵向的变化过程 ·························· 7
    1.1.4 自理能力与死亡风险密切相关 ··················· 9
  1.2 研究问题和研究目的 ······································ 10
  1.3 研究意义 ··· 11
  1.4 主要内容与结构安排 ······································ 12

第2章 文献与理论 ··· 15
  2.1 文献综述 ··· 17
    2.1.1 失能轨迹的研究现状 ···························· 17
    2.1.2 死亡风险的影响因素 ···························· 19
    2.1.3 自理能力的影响因素 ···························· 23
  2.2 文献述评 ··· 28
  2.3 影响老年人健康状况的理论基础 ······················· 29
    2.3.1 安德森的卫生服务利用行为模型 ··············· 29
    2.3.2 生物—心理—社会医学模式 ···················· 30
    2.3.3 生命历程理论 ····································· 30
    2.3.4 健康不平等理论 ·································· 31

第3章 理论框架与研究设计 ········· 33
3.1 理论框架 ················· 35
3.2 研究设计 ················· 40
3.2.1 数据来源 ············· 40
3.2.2 概念界定 ············· 41
3.2.3 变量测量 ············· 41
3.2.4 变量界定及分布 ········· 46
3.2.5 研究方法 ············· 49
3.2.6 研究思路 ············· 50

第4章 中国老年人口的失能轨迹 ········· 53
4.1 存活、死亡、失访老年人的失能轨迹 ····· 55
4.2 总体老年人的失能轨迹 ············ 60
4.3 老年人失能轨迹的性别差异 ·········· 65
4.4 老年人失能轨迹的城乡差异 ·········· 67
4.5 城乡老年人失能轨迹的性别差异 ········ 69
4.6 小结 ······················ 74

第5章 老年人的失能轨迹类型归属的影响因素 ··· 77
5.1 总体老年人的失能轨迹类型归属的影响因素分析 ··· 79
5.2 城乡老年人失能轨迹类型归属的影响因素的性别差异 ················· 84
5.3 小结 ······················ 90

第6章 时间变动变量对失能轨迹发展形态的预测 ··· 93
6.1 慢性病状况与失能轨迹发展形态 ········ 98
6.2 孤独感与失能轨迹发展形态 ·········· 100
6.3 现在患病及时就医与失能轨迹发展形态 ···· 103
6.4 经济状况与失能轨迹发展形态 ········· 105
6.5 婚姻状况与失能轨迹发展形态 ········· 108
6.6 超重与失能轨迹发展形态 ············ 110

6.7 营养不良与失能轨迹发展形态 …………………… 112
6.8 精神慰藉状况与失能轨迹发展形态 …………………… 114
6.9 代际间的经济支持与失能轨迹发展形态 …………………… 116
6.10 日常生活照料状况与失能轨迹发展形态 …………………… 120
6.11 小结 …………………… 123

第7章 老年人的失能轨迹对死亡风险的影响的回归分析 …………………… 127

7.1 老年人的失能轨迹对死亡风险的影响的回归分析
——原始模型 …………………… 129
7.2 老年人的失能轨迹对死亡风险的影响的回归分析
——其他因素的调节作用 …………………… 136
7.2.1 经济状况的调节作用 …………………… 138
7.2.2 日常照料状况的调节作用 …………………… 142
7.2.3 精神慰藉状况的调节作用 …………………… 146
7.2.4 现在患病就医状况的调节作用 …………………… 150
7.2.5 慢性病状况的调节作用 …………………… 153
7.3 小结 …………………… 157

第8章 结论与建议 …………………… 159

8.1 结论 …………………… 161
8.2 对策建议 …………………… 166

参考文献 …………………… 177
后　记 …………………… 185

第1章 绪论

1.1 问题提出

失能是很多老年人具有的一种生存状态，失能的老年人丧失了独立生活的能力，为家庭照料资源、社会养老资源、医疗卫生资源等都带来了严峻的挑战。对多数人来说，失能是一种纵向的变化趋势，是随时间的推移不断累积的结果，这就要求我们对失能的纵向变化趋势也就是失能轨迹进行研究。另外，失能是死亡的前奏，失能老年人具有较高的死亡风险。由于失能轨迹涵盖了失能的起点、发展进程、终点，可能对死亡风险有更准确的预测作用，因此本书在研究中国老年人失能轨迹的基础上，进一步研究老年人的失能轨迹对死亡风险的影响。

1.1.1 人口老龄化和失能化形势日益严峻

我国目前及今后很长时期都处于人口老龄化时期，全社会的养老任务十分艰巨。根据国家统计局的最新统计结果，截至 2019 年底，全国 65 岁及以上老年人口达到 17599 万人，占总人口的 12.6%（国家统计局，2019）。在 2000—2019 这 20 年间，我国

65岁及以上的老年人口数量翻了将近一番。随着经济的迅速增长，我国人口的老龄化速度的日益加快，然而不可否认的是，目前我国各方面应对老龄化的工作仍然十分欠缺。首先，经济基础较为薄弱。发达国家进入老龄化社会时，人均GDP达到5000~10000美元，我国1999年进入老龄化社会时，人均GDP不足1000美元，是未富先老的国家（陈斌，2016）。其次，老年照护服务体系不能满足老年人照护服务需求，供需紧张。再次，长期照护服务所需的资金积累不足。目前城市失能老年人只有退休金、大病的医疗费用报销制度，几乎没有任何长期照护服务费用的制度安排，农村更是几乎空白。最后，我国社会保障体系不健全，社会保障制度呈碎片化，系统化水平和保障水平低。这些都影响到经济的发展和社会的稳定，成为制约未来中国平稳发展的重大风险（陶裕春，2013）。同时，人口的健康状况出现一些不良的新趋向。表现在：新型传染性疾病发病率快速增长；慢性病快速增多；职业病恶化；亚健康增多；食品安全导致的健康问题增多；环境污染导致的健康问题增多；不健康的行为和生活方式导致疾病增多（刘慧侠，2011）。

随着人口老龄化程度的不断提高，养老问题已经成为社会和政府广泛关注的热点问题，而其中失能老年人的养老和照料问题又成为诸多亟待解决问题的重中之重。尽管人口预期寿命不断提升，但是老年人的健康状况却不容乐观。衰老导致老年人的身体组织、器官功能下降，免疫力降低，成为失能风险较高的群体。据"第四次中国城乡老年人生活状况抽样调查"结果显示，2015年全国失能、半失能老年人约4063万人，占老年人口的18.3%（江西民政网，2016）。

社会经济的发展带动医疗卫生水平的不断提高和卫生资源投入的不断增加，使大量慢性病患者的预期寿命得以延长，然而预期寿命延长的同时，也带来失能或残障率的提高，由此造成人口疾病负担迅速增加，老年人的生活质量严重下降。自1990年以来，我国城乡居民的人均卫生费用不断快速增长，从1990年的65元，上升到1998年的303元，9年时间增长到将近5倍。其中，城市增长速度明显高于农村（游允中等，2005）。尽管死亡率的下降为国家节省了大量经费，但医疗总费用的增长远远超出国家可以支撑的限度。人口疾病负担的加重和医疗卫生费用的增长，使国家财政不堪重负。同时，伴随着高龄化而来的失能化导致老年人家庭的照料负担加重，对家庭成员的生活方式、经济状况、人际关系各方面造成了深刻而持续的影响。2010年的人口普查结果表明，40.72%的老年人仍然依靠家庭成员的供养，家庭成员的供养仍是我国老年人最主要的生活来源；第二位的是以自己的劳动收入为主要生活来源，比例为29.07%；第三位的是依靠离退休金或养老金，约占24.12%（姜向群等，2014）。然而，大部分老人的退休金相对微薄，仅仅可以支撑日常生活费用，子女的经济支持也有限。一旦患上重病，老年人就容易陷入入不敷出的困境。与身体较为健康的老年人相比，失能老年人的经济来源更为不足，自身供养能力更为低下，同时，较差的身体状况迫使失能老年人支付更多的医疗与照护费用，也就意味着其对经济支持的需求更为迫切。与此同时，城市化进程的加快加剧了人口流动的趋势，女性外出务工也越来越普遍。这就分散了家庭成员可以照料老年人的时间与精力。沉重的照料负担往往衍生出家庭矛盾，对老年人及其他家庭成员的心理健康与生活满意度都造成了不利的影响（中国社会新闻出版总社，2008）。另外，老年人健康状况下降，越来越多的老年人需要各方力量的照顾。失能老年人对综合性养老服务的需求旺盛，对照料的专业化要求较高，这都对家庭照料资源和社会养老服务的质量提出了更高的要求（张文娟等，2014）。随着家庭照料功能的逐渐弱化，对社会养老服务的需求越来越凸显。然而，我国当前的社会养老服务并不完善，存在诸如总量不足、专业化程度较低、投入较少等问题，很多老年人虽然有社会照料服务的需求，但碍于养老服务资源有限、质量有待提高，对社会照料资源仍然持观望态度。截至2013年，我国至少有几千万个家庭被失能老年人的护理问题困扰（潘跃，2013）。

1.1.2 失能的界定与评估

失能是日常生活中独立进行某些活动（如洗澡、穿衣等）时受到限制，是个人在特定环境下完成某项活动的需要与能力之间的障碍，是衡量老年人健康状况常用的指标。目前学术界和工作部门对失能的概念已经形成了相对独立的界定及可操作化的评估量表。在老年学的研究中，通常将失能界定为老年人丧失了独立生活的能力。目前使用最广泛的评估老年人基本活动能力测量工具为日常生活自理能力量表（Activities of Daily Living，ADL）。由于自理能力的丧失意味着需要由外界介入提供长期照护服务，因此，将生活自理能力用作日常活动能力的判定较为符合现实的需要。故而我国目前的大型调查项目，在对老年人的日常行为活动能力进行评价时，大多采用日常生活自理能力作为测量指标。

对日常生活自理能力进行深入分析后可以发现，日常生活自理能力具有两个层次：

第一个层次是基本日常生活自理能力（Basic Activities of Daily Living，BADL）。指维持生命运转的基本日常活动，如洗澡、如厕、室内移动、穿衣、控制二便等。这些能力的丧失意味着老年人无法独立生活，需要外界提供充足的服务支持。首份用于测量ADL的量表为1963年出现的Katz量表（Katz，1963），该量表根据人体功能发育学的规律制定，按照由易到难的顺序依次设置了六项评定内容：洗澡、穿衣、如厕、室内走动、控制二便、吃饭。该量表实际上测量的是 BADL，后来人们将 BADL 直接称为 ADL。该量表被广泛应用于康复护理中。

第二个层次是工具性日常生活自理能力（Instrumental Activities of Daily Living, IADL）（Katz, 1970），指老年人完成洗衣、做饭、理财、打电话、乘交通工具、购物等基本的社会性活动所需的能力。该类能力的丧失意味着老年人对周围环境的适应和参与能力降低，从而使生活质量下降。对只有 IADL 受损的老年人而言，可以借助外部力量的支持来实现其与外部社会和环境的交互和适应，从而实现独立生活。因此，与 BADL 受损的老年人相比，IADL 受损的老年人的需求是可控的、间断性的。

在实际的操作过程中，需要结合现实的社会保障和经济发展水平，来确定应以 BADL 为依据还是综合考虑 BADL 和 IADL 作为老年人失能状态的判定标准。考虑到我国的社会保障能力和支持能力还较低，BADL 受损的老年人群独立生活能力更差、对照护服务的需求更为迫切，我们应该将 BADL 受损的老年人群作为照护需求的评估的首要目标，我国的长期照料服务体系应该立足于该类老年人的现状，在实践过程中应首先满足这类老年人的照料需求。

1.1.3 失能：纵向的变化过程

在大多数情况下，失能是一个高度动态演化的过程，是随时间不断累积的结果（巫锡炜，2009）。那么，从纵向看，中国老年人的自理能力的发展趋势是怎样的呢，是什么导致了这样的发展趋势？此外，老年人的失能轨迹可能是多种多样的，有的失能比较早，有的失能比较晚，有的一直不失能，同时，失能的结束时点也不一，并且其中间的发展状态是不断变化的，如果只是把老年人自理能力的变化趋势简单地归结为一条失能轨迹是不合理的。如何把成千上万条轨迹总结出来，并且区分出其中的异质性是失能动态变化机制的研究所需要抓住的重点与克服的困难。

另外，老年群体内部有明显的异质性，其生活方式、拥有的医疗条件等社会资源不同。尤其男女两性、城乡老年人可能在生理特征、生活方式、卫生资源的利用、卫生服务的可及性、社会支持等方面存在较大的差异（仲亚琴等，2014）。这些都可能导致老年人失能轨迹发展变化上的区别。国际社会将弱势群体定义为因某方面的障碍或缺乏经济、政治、社会机会，而在社会上处于不利地位的人群（王思斌，2002）。大量研究证明，老年人群体是社会弱势群体之一，而女性老年人是老年人群体中的弱势群体。由于生理方面的原因，女性往往具有较高的预期寿命，且容易患关节炎、白内障等损伤自理能力的疾病。由于以前根深蒂固的重男轻女的思想，女性老年人相对受教育水平较低，收入水平低下，社会保障的覆盖率较低，因此在卫生服务可及性、医疗保健的利用方面存在后天的劣势。这些都表明老龄化过程中存在着明显的性别差异，女性老年人问题是整个老年人问题的重中之重，只有从两性平等的角度出发，顾及女性老年人的特殊需要，才能真正全面地解决人口老龄化带来的各种问题。同时，由于我国传统的城乡二元结构，城乡老年人的生活环境、生活设施、生活方式、医疗卫生服务可及性方面差异巨大。城市老年人拥有更便捷的生活设施、更健全的卫生保健知识和更充足的医疗卫生条件，但同时面临工作压力大、环境污染严重、生活方式不健康的问题。乡村老年人的医疗卫生条件和生活设施相对不完善，卫生保健知识欠缺，但较多从事体力劳动，生活环境更健康，这些无疑都会影响失能轨迹的走势，对所需的干预及服务的侧重点提出不一样的要求。

1.1.4 自理能力与死亡风险密切相关

健康与长寿是人类追求的两大终极目标。只有长寿没有健康的人生是痛苦的、丧失生活质量的，而只有健康没有长寿的人生是不完整的、有缺憾的。千百年来，长寿是人类首要的追求。然而，如何健康地活着与如何长寿具有同等重要的意义。失能水平与死亡风险作为健康和长寿相对应的两大衡量指标也越来越普遍地被联系在一起。大量研究发现，老年人的自理能力与其死亡风险有很强的关联性。失能是死亡的前奏，往往与死亡相伴随。自理能力强的人身体机能下降缓慢，各类慢性病患病率较低，因此具有较低的死亡风险。人在老年期出现重度失能即无法独立吃饭、无法控制二便等情况时，说明人体机能已严重衰退，寿命也面临极限，也就是具有较高的死亡风险。另外，不同的失能发展过程可能对个人的精神状况、医疗状况、经济状况等带来不同的影响，从而造成截然不同的死亡风险。目前的研究大多只是利用某一时点的失能状况预测死亡风险的高低，但是从纵向的角度看，某一时点失能水平相同的两个人，可能前期失能的起点、发展速度是大相径庭的，二者的死亡风险是有差异的。即便是某一时点失能水平较高的老年人，出现失能的时间也可能较晚，只是后期发展速度较快，与失能出现时间较早、发展较平缓的人相比，其死亡风险是高是低我们无法确定，也就是说只用某一时点的失能状况来预测死亡风险是不确切的。笔者认为，失能轨迹兼具了失能的起点、发展趋势、终点，是失能状态更全面的反映，是人体机能更确切的体现，对死亡风险可能有更准确的预示作用。

1.2　研究问题和研究目的

1. 研究问题

本书的研究问题主要有以下6点：

（1）存活、死亡、失访老年人的失能轨迹有无区别？我国总体老年人的失能轨迹可以分为几种类型？每一类型的人群具备何种特征？

（2）不同性别、城乡的老年人的失能轨迹存在什么差异？

（3）哪些因素决定了老年人群的轨迹类型归属？城乡、两性老年人失能轨迹类型归属的影响因素有何区别？

（4）有何因素可以让轨迹的发展走势发生变化？如在坚持健康行为、有社会支持的情况下，老年人的失能轨迹是否比原来的走势有所缓和？而一旦发生丧偶这种重大的危机事件，老年人的失能轨迹是否比原来的走势加快？

（5）不同的失能轨迹除了对老年人的生活质量与照护需求造成不一样的影响，其面临的死亡风险是不是也有区别？何种特征失能轨迹的人群死亡风险高？两性老年人之间有无区别？

（6）即使可能会被分配到死亡风险较高的失能轨迹，如若拥有较好的经济状况、就医状况、社会支持等有益资源，其死亡风险是否降低乃至逆转？而即使是死亡风险较低的轨迹类型，如果出现慢性病、就医困难等恶劣状况，其死亡风险较低的优势是否被取代？

2. 研究目的

（1）我国老年人失能轨迹的类型及相应的特征人群；

（2）我国老年人失能轨迹的性别、城乡差异；

（3）我国老年人失能轨迹类型归属的影响因素及性别、城乡差异；

（4）随时间变动的变量对轨迹发展形态的预测作用；

（5）验证失能轨迹与死亡风险的关系及其性别差异，明确可能被分配到不同失能轨迹的老年人所面临的死亡风险的高低；

（6）探讨在已知可能的失能轨迹的基础上，如何最大化利用周围的有益资源降低死亡风险。

1.3 研究意义

本书致力于了解老年人自理能力的动态变化机制以及背后的危险因素与保护因素，关注老年人的失能轨迹对死亡风险的影响，具有重要的理论意义和现实意义。

1. 理论意义

本书寻求和认识老年人失能变化的规律，深化认识目前我国老年人的死亡风险因素，以期为今后我国老年人健康状况的改善提供依据，为进一步深入的有关失能和死亡风险的研究提供线索。同时，对于准确把握我国未来人口老龄化过程中老年人失能状况的变化，深入了解我国在后人口转变阶段的老年失能问题，具有重要的理论意义。

2. 现实意义

随着年龄的增加，身体器官功能逐渐退化，各类慢性病患病概率逐渐提高，老年人面临较高的失能和死亡风险，给社会医疗卫生保健体系及照护系统带来了一系列的挑战。了解目前我国老年人的失能因素和死亡风险因素，可以进一步探讨干预措施，从而推迟失能的发生、减慢失能的发展进程、促进个人自理能力的恢复、降低老年人的死亡风险，达到既健康又长寿的终极目标。此外，对老年人健康状况的研究有利于控制医疗支出，提高老年人自身的生活自理能力水平，减轻家庭的照料负担，减轻国家财政压力，为提高老年人的生活质量、引导卫生资源的流向、科学合理地配置医疗资源提供依据。

1.4 主要内容与结构安排

  本书立足于分析我国老年人的失能轨迹的类型及其性别、城乡差异，进一步分析类型归属的影响因素及其城乡与性别差异，分析健康行为、社会支持、婚姻状态等生活事件对轨迹走势的预测作用，进一步分析失能轨迹对死亡风险的影响，并着眼于社会支持、健康行为等对这种影响的调节作用，从而为降低老年人的失能轨迹的发展趋势与死亡风险提供理论依据及对策建议。

  全文共8章，按逻辑关系与内容可分为5个部分。

  第一部分为第1章，即绪论。对研究主题进行概述并提出问题，继而表明研究目的与研究意义并简要阐述文章的逻辑框架与结构安排。

  第二部分为第2～3章，对文献、理论、概念、数据、方法等进行了介绍和评述。首先对已有的研究进行了梳理与评价，指出当前的研究现状与不足，进而引入支撑本书研究主题的理论，并对各因素对自理能力与死亡风险的关系的作用机制进行了探讨。之后介绍了本书的理论框架与研究设计，包括理论架构、数据来源、概念界定、变量测量、变量界定及分布、研究方法与研究思路。

  第三部分为第4～6章，主要研究我国老年人的失能轨迹及其性别、城乡差异，进一步分析老年人的失能轨迹类型归属的影响因素及其性别、城乡差异，之后用一系列时间变动变量对失能轨迹发展形态进行预测。

第四部分为第7章，分析了老年人的失能轨迹对死亡风险的影响及其性别差异，以及经济状况、就医状况、代际支持状况等对这种影响的调节作用，明确了失能轨迹与死亡风险的关系以及其他死亡风险的影响因素。

第五部分为第8章，对本书中的发现与结论进行归纳总结并提出相应的对策建议，总结了本书中的创新与不足之处，并对未来的研究方向做出了展望。

第2章
文献与理论

2.1 文献综述

老年人的失能问题已经引起了学界的广泛关注,但是对老年人的失能轨迹以及失能轨迹与死亡风险的关系的研究还明显不足。本书在梳理已有研究的进展与结论的基础上,探究已有研究的不足,提出本书可进一步研究的方向。

2.1.1 失能轨迹的研究现状

我国目前已经有很多不同环境下两个时期失能状态转变的分析,但是长时间多个时点的状态转变的研究还很有限。其中一个困难是纵向追踪数据的短缺。近些年这些数据的可得性越来越强。另一个挑战是如何总结可能多达成百上千的轨迹形态。也就是说,随着观察的时期增加、观察的个案的失能起始状态的不同、结束状态的不同,可能的失能的轨迹也成倍增加。大多数研究失能的轨迹采用两种策略:主观分类或生长曲线建模(Z. Zimmer, 2012)。这些策略有助于我们深入理解老化的动态变化机制。跟所有方法一样,这两种方法有一定的局限性。其中一个重要的局限是不能用来识别不同种类的失能轨迹。

总的来说，目前已有的研究大多是对总体人群自理能力随时间变动趋势的概括，忽视了发展轨迹存在总体异质性——不仅体现在水平上，更体现在模式上。组基发展建模可以弥补这一缺陷。组基轨迹建模是有限混合模型的专门分类（Nagin，2005）。它可以区分总体发展轨迹的异质性，避免对发展轨迹主观分类，从而对总体的发展轨迹形成更明确清晰的认识。

组基发展建模最初应用于抑郁及认知的研究，近几年扩展到失能领域，但研究的成果有限。Z. Zimmer（2012）等人研究了人口、社会经济因素、早期的生活经历对不同性别高龄老年人失能轨迹的影响。研究发现，对女性老年人而言，居住在农村、生过多个孩子、丈夫不务农，其失能轨迹的走势较低、发展较平稳。一小部分接受过教育的男性老人的失能发展轨迹属于中等程度，但随年龄的增长变化不大。巫锡炜（2009）使用中国高龄老人健康长寿追踪调查前四轮存活老人的调查数据，将高龄老人的失能轨迹区分为三个不同的子类型——"身体健全型""低起点快速发展型"和"高起点平稳发展型"。研究发现，基线调查时的人口、经济因素显著影响高龄老人失能轨迹类型上的归属。伍小兰等（2018）发现老年人的ADL自理能力发展轨迹呈现出"低起点快速下降型""高起点急速下降型""高起点平稳下降型"三种类型。老年人生活自理能力发展轨迹形态受人口社会学特征、健康状况、社会交往、家庭支持等多方面的影响。胡晓茜等（2019）采用1998—2014年中国老年健康影响因素跟踪调查的7次数据，从人口学特征、社会经济情况、儿童期特征3个角度对高龄老人失能轨迹类型归属进行解释。张文娟等（2020）对男性和女性老年人的生活自理能力变化过程分别进行拟合，发现老年人在临终前的生活自理能力存在显著差异并归纳出三种变化轨迹："生活自理能力完好型""快速发展型"和"缓慢下降型"。

生命历程早期阶段的经历、所处的社会经济状况、年龄效应和队列效应都会对生活自理能力的衰退轨迹产生显著影响。

2.1.2 死亡风险的影响因素

1. 自理能力对死亡风险的影响

研究发现，老年人的日常生活自理能力对其死亡风险有很强的预测作用，当自理能力丧失后，老年人面临很高的死亡风险（Manton，1988）。通常失能程度越严重，死亡风险越高。但是，日常生活自理能力对死亡风险的预测作用随着年龄的增长而减弱。如果老年人的日常生活自理能力在高龄阶段才开始发生残障，就有可能比在中低龄阶段发生残障的老年人存活更长的时间。此外，日常生活自理能力对死亡风险的预测作用存在性别差异。低龄老人中，男性的自理能力与死亡风险的关系强于女性。但这种性别差距随着年龄的增加逐渐缩小，至85岁后这种差异将不复存在（焦开山，2009）。

2. 各类慢性病对死亡风险的影响

有研究指出，我国与发达国家人口死因结构的主要差异在于呼吸系统疾病和循环系统疾病，这两类疾病主要发生于中老年人口。社会经济不发达的乡村地区是呼吸系统疾病的高发地。循环系统疾病同样是最主要的死亡原因之一。心脏病在循环系统疾病死亡中占的比重较低，脑血管疾病所占的比重较大。恶性肿瘤也是重要的死亡原因之一。我国人口的死因结构存在明显的性别、城乡差异。关于呼吸系统疾病导致的死亡比重，乡村高于城镇。男性死于恶性肿瘤的比例高于女性（郑晓瑛等，2004）。男性更可能患急性的中风、心肌梗死等严重危及生命的急性心血管疾病，而一些发展性、不危及生命的慢性病更容易影响女性老人（焦开山，2009）。

3. 卫生服务利用对死亡风险的影响

由于老年人的经济状况和健康状况较差，因此老年人医疗保健问题已成为一个重要的社会问题。研究认为医疗卫生保健对居民健康有明显的促进作用。医疗技术的进步是一个国家总体期望寿命上升的最重要的原因之一，对居民健康起着决定性的影响作用（Preston，1975）。有研究认为医疗的可及性和公共、私人医疗保险对死亡率有非常大的影响（Rutstein，2000），医疗保险、医疗服务的可及性对健康的促进作用源于该部分老人可能有较高的社会经济地位，并且推动老年人有更多的医疗服务利用行为（朱莉华等，2009）。

研究发现，两性老年人对于非致命的疾病的卫生服务利用与健康态度方面存在较大的差异。通常女性对自身健康更重视，并且对身体不舒服的耐受力更低，因此更倾向于持续的治疗，男性对身体健康的敏感度较低，更容易耽搁小病的治疗导致病情恶化。另外，女性在健康报告中的陈述更详尽具体，男性则比较粗略，这种陈述的差异也会影响医生对于病情的诊断（尹德挺，2007）。然而另有研究表明，女性老年人受教育程度与职业地位较低，经济状况较差，经济状况上的劣势导致疾病诊断不及时从而大大增加了死亡风险（Latour，1996）。

4. 生活方式对死亡风险的影响

世界卫生组织将体重过轻、不安全的性行为、高血压、烟草制品消费、酒精消费、不安全饮用水及恶劣卫生情况、铁质不足、使用固体燃料排放的室内烟尘、胆固醇过高、身体肥胖列为人类健康面临的十大危险因素（WHO，2002）。这十种因素绝大多数属于生活方式方面，是可干预、可改变的。

不良的生活方式容易增大老年人的死亡风险。常见的不良生活方式主要有营养不良、吸烟、饮酒、缺乏锻炼、超重和肥胖等（曹文君，2012）。吸烟酗酒、缺乏运动、体重超重现象容易引发高血压、糖尿病、冠心病等慢性病，这类老年期之前的不良生活方式会在老年时期呈现出一个积累性的结果，残障或死亡就是这种劣势累积的主要表现形式（尹德挺，2007）。

一方面，男女两性的生活方式存在较大的差异，男性更倾向于吸烟、喝酒，这些不良的生活方式无疑增加了男性的死亡风险，造成男女两性死亡水平上的性别差异（威廉·考克汉姆，2012）。然而另一方面，男性老人更多地参加锻炼、钓鱼、散步等室外活动，女性老人倾向于待在家中收拾家务，所以女性老人虽然死亡水平较低，但自理能力更差（曾毅，2004）。

5. 生物标记对死亡风险的影响

国外的调查研究显示，低胎次的子女比高胎次的子女具有更长的存活年限（Bell，1918）。国内学者的研究也表明，出生的排行，也就是胎次，可能影响人的寿命。低胎次的人存活到80岁以上的比例要高于高胎次的人群的比例（周云等，2001）。

目前的研究对左利手人群有了一定的关注。研究发现左利手人群更容易患乳腺癌、脑癌和其他癌症（Ramadhani等，2007），但左利手老人短期的死亡风险与右利手老人无显著性差异（顾大男，2008）。也有研究认为左利手的成因可能是母体孕期紧张或难产使胎儿发育受损，从而造成后天体质较差，从而提升了死亡风险（Coren等，1991）。

6. 其他因素对死亡风险的影响

学者研究了人口学因素对老年人死亡风险的影响。研究显示，年龄较大的老年人的死亡风险显著高于年龄较低的老年人。城市老年人的死亡风险显著低于农村老年人，汉族老年人的死亡风险显著高于其他少数民族的老年人（位秀平等，2015）。从性别上说，男性在生理上就比女性脆弱，女性具有明显的生存优势。表现在女性的死亡概率低于男性，男性在胎儿期和新生儿期以及以后的各个年龄阶段的死亡率均高于女性（威廉·考克汉姆，2012）。即使在同样发生残障的情况下，女性的存活时间也远远长于男性（焦开山，2009）。

社会经济因素对老年人死亡风险也有不容忽视的影响。研究表明，较高的劳动参与率对降低死亡风险有正向作用（曾毅等，2014）。是否享有养老金显著影响老年人的死亡风险的高低，且只有在控制了子女的经济支持与是否享有养老金这一交互效应的前提下这种影响才呈现出显著作用（张震，2002）。较高的职业地位对于降低老年人死亡风险有显著作用，主要收入为个人退休金的老年人的死亡风险低于主要收入来源于家人的老年人。受教育水平对于我国老年人的死亡风险的作用在目前学界并未达成一致，有研究认为受教育水平对降低我国老年人的死亡风险没有显著的影响（曾宪新，2007）。而另一项研究发现，接受教育对于老年健康有显著的正向影响（Liang，2000）。在社会支持因素中，研究发现，生病或身体不舒服时由家人照料的老年人的死亡风险低于生病时的照料者是其他人或无人照料；与活动参与程度低的老年人相比，活动参与程度高的老年人的死亡风险更低（位秀平等，2015）。同时，配偶也是老年人获得照料与心理支持的重要来源。有学者研究了长期丧偶与新丧偶对老人死亡风险的影响，结果发现：老人丧偶与死亡风险的增加呈显著的正相关，长期丧偶对低龄老人死亡风险的影响与对高龄老人死亡风险的影响并无显著的差异，但新丧偶对低龄老人的影响远远高于对高龄老人的影响（焦开山，2010）。

另外，生命前期的生活条件对老年时期的死亡风险也有影响，由于死亡的选择作用，童年、青年时期健康状况恶劣或生活条件恶劣却存活下来的人年老时可能有更长的寿命（王俊，2011）。

2.1.3 自理能力的影响因素

1. 对总体生活自理能力水平的影响因素的分析

众多学者针对不同特征老年人群的日常生活自理能力开展了实证分析,探寻影响老年人自理能力的可能因素。从既有研究来看,老年人的自然属性、社会经济结构特征、患病或损伤状况、生活水平、心理状况等各方面的特征都是影响老年人自理能力的主要因素,大致符合生物—心理—社会医学模式。

自然属性方面,研究发现,老年人的年龄越大生活自理能力越差,这一点在女性的身上体现得更为明显(张文娟等,2003;宋璐等,2006)。少数民族老年人的自理能力好于汉族的老年人(尹德挺,2007)。在控制其他主要干扰因素下,左利手老人的生活自理能力比右利手老人差(顾大男,2008)。

在社会经济结构特征方面,研究证明老年人的社会经济地位对其健康状况有非常重要的影响,收入越高的老年人健康状况越好(惠蓉,2002)。也有学者认为,收入的高低往往通过比较产生,收入差距比绝对收入更容易对个人健康造成影响。收入较低的人会觉得自己的处境相当不利,进而产生较大的心理压力和消极悲观情绪,即收入通过影响人们的心理进而影响健康(Wilkinson,1996)。另有研究认为地区内部收入分配差距——地区内部的收入不平等会对个人的健康产生影响。若地区内部收入不平等现象很严重,就会降低居民之间信任感和凝聚力,从而加剧社会矛盾,诱使犯罪或自我伤害的事件频发。同时,地区内部收入差距过大可能降低居民在教育、医疗、保健、住房等方面的投资意愿,进而影响到个人的健康状况(毕秋灵,2011)。教育作为增加人们的收入等社会资源的有效方式,通常能有效地促进老年人的健康(宋璐等,2006;伍小兰等,2018)。然而学者的研究发现，较高的社会经济地位与老年人的综合健康水平呈正相关，比如社会经济地位较高的老年人睡眠和认知功能更好、心理健康状况更好，但是社会经济地位较高的老年人更容易缺乏日常生活活动，导致心脑血管疾病的患病率更高，从而威胁到自理能力（曾毅等，2017）。婚姻对健康的保护作用体现在有偶老年人的身体状况和精神状态比无偶老年人更好（宋新明等，2001）。家庭支持有利于老年人保持健康状况，与居住在养老机构相比，与家人同住对维持老年人的日常生活自理能力更为有利（王德文，2004）。同时，情感照料有利于缓解心理压力，比经济支持和生活照料更能促进老人的精神健康和自理能力（Sliverstein，1994）。社会支持对人们的健康也有积极的影响。强有力的社会支持网络会降低老年人出现身心疾病的概率，对维持其日常生活自理能力有益（陈立新等，2005）。

在患病和损伤方面，研究发现，各类慢性病均会使老年人的身体功能减退，并且患慢性病的数量与躯体功能退化的程度以及自理能力下降幅度成正比（祁华金，2004；王德文，2004）。同时，由于慢性病种类与性质的不同，其对老年人日常生活能力造成的损伤程度大小不一。有研究指出，对自理能力损伤最大的慢性病是关节炎与脑血管病（尹尚菁等，2011）；也有学者发现对老年人自理能力造成伤害最严重的疾病依次为：动脉硬化性脑病、椎间盘突出、中风、肺气肿、糖尿病、心脏病、高血压、风湿性关节炎（戴卫东，2011）。另外，各类慢性疾病对不同日常生活自理能力的影响也存在差异。有研究指出，肌肉骨骼疾患疼痛（包括膝关节退行性改变、腰椎间盘突出、腰肌劳损、颈椎病、肩周炎等）最容易造成洗澡困难，对穿衣、如厕、室内行走等活动也有不同程度的影响（陈静等，2003）。急性脑卒中病人最容易出现大小便失禁的情况（Wade，1987）。患有脑血管病的老年人常常会伴有肢体活动障碍后遗症，造成日常洗澡、如厕、穿衣等活动不便。呼吸系统疾病患者在病情严重时容易出现慢性心功能衰竭或呼吸功能衰竭，从而影响到日常活动能力（王梅，1993）。白内障主要引发视觉上的障碍，对洗澡、穿衣、如厕、吃饭等肢体活动能力都可能有所影响（樊映川，2008）。糖尿病患者容易产生依附心理，其并发症易对行走、洗澡、穿衣等基本日常活动有所损伤（何颖，2013）。

随着生活水平的提高，中国人超重和肥胖的比例迅速上升。研究发现体重的增加容易诱发多种老年慢性病，如高血压、高脂血症、冠心病和糖尿病等（Yuan 等，1998）。同时，营养不良在老年人群中也十分常见。有研究发现 13%~78% 的老年人存在营养不良现象（Cathy 等，2007），住院老年患者营养不良患病率更是高达 40%~60%（Soini 等，2004）。老年人营养不良常与阿尔茨海默病、脑卒中、抑郁症和帕金森病等慢性病并存，并伴随贫血、神经病变、感染等一系列问题（蒲虹彬等，2013）。肥胖、营养不良及相关疾病可降低老年人的自理能力。

此外，心理健康状况与自理能力呈正相关，老年人焦虑抑郁、紧张害怕等一系列消极情绪与自理能力下降密切相关（尹德挺，2007）。

除此之外，研究认为生活环境，如区域自然环境、社会经济环境、医疗卫生条件、家庭社区环境都显著影响老年人的自理能力（尹德挺，2007）。社会经济和医疗条件的改善降低了人口死亡率，使得更多的人伴随慢性病、失能、残疾等形式存活（游允中等，2005）。有研究发现，现在医疗服务的充足与否与高龄老人能否自理关系不大，而儿时的医疗服务与营养状况对晚年的自理能力有影响（曾毅等，2004）。

2. 生活自理能力的性别差异

（1）社会性别视角下的生活自理能力的性别差异

众多研究表明，相比于男性老人，女性老人在自理能力的缺损方面更为严重（张文娟等，2020）。女性老年人虽然比男性老年人享有更长的预期寿命，但在生命后期面对更糟糕的健康状况，这固然是因为男女两性存在的生理差异，然而更多的是由于男女两性群体在家庭、社会中担负的社会角色不同而造成的社会资源的可得性、利用有效性等方面存在广泛的差别所造成的累积性效应。

有学者指出，我国老年妇女的经济地位依然处于明显的劣势地位，无论城镇还是农村，老年妇女的经济收入水平、消费水平、个人资产状况与男性老人相比仍非常薄弱，尤其是农村地区的老年妇女最为明显（贾云竹，2007）。虽然女性的经济独立程度远远低于男性，但这一因素对男性日常生活自理能力的影响程度更强（张文娟等，2003）。同时，老年女性更低的文化水平、更少的与外界接触的机会，不利于其自理能力的保持。

在婚姻与家庭生活对老年人生活自理能力的影响这一方面，婚姻的保护作用在老年期仍存在，且婚姻似乎给男性带来更多的效用。有研究表明，我国社会中男性的婚姻家庭地位要明显高于女性（曾淑萍，2012）。女性更多地从事照料家人的角色，并且妻子比丈夫更关心对方的健康，因此婚姻对男性老年群体的作用更为重要（Goldman，1995）。同时，由于女性较高的预期寿命与夫长妻少的婚配模式，老年女性丧偶的比重较高，丧偶这一事件及丧偶后的生活压力都会对女性老年人产生强烈的负面作用，从而影响到其自理能力（杨胜慧，2012）。

（2）男女两性生理上的差别所带来的生活自理能力的差异

有研究表明，男性在生理学上比女性脆弱（威廉·考克汉姆，2012）。男性更有可能患急性心血管疾病等危及生命的病症，但女性老人更容易受一些发展性、不危及生命的慢性病的困扰（焦开山，2009）。例如，男女两性在骨骼发育上存在明显的性别差异，女性更易发生骨质疏松性骨折，类似疾病虽不危及生命，但却大大降低了女性老年人的自理能力,增加了女性带残生存的概率(江峰,2002)。另外,疾病对女性的影响更大,这也可能是女性老人生活自理能力比男性差的重要原因(王树新等,2001)。

此外,男女两性在心理状态上的差别也可能导致生活自理能力自评结果上的性别差异。有学者指出男性在性格上比女性更加积极乐观,不仅直接影响到老年人对自身健康状况的主观评价,也会对老年人的身心健康有直接影响,从而间接导致生活自理能力的性别差异(王树新等,2001)。但也有学者提出,女性有高于男性的适应负荷能力,心理社会适应水平上的差距也可能影响两性老人对生活自理能力的主观评价(王登峰等,2007)。

3. 生活自理能力的城乡差异

城市和农村老年人由于经济地位、居住环境等的不同,健康状况有一定差别。对于城乡之间老年人日常生活自理能力的差异还没有形成定论,一些研究发现城市老年人的日常生活自理能力好于农村老年人(张文娟等,2015)。相反,另一些学者认为城镇老年人的生活自理能力比乡村老人差(徐勤,2001),一些专门针对城乡高龄老人自理能力的研究结果也是如此(曾毅等,2004)。

由于自理能力是参与活动与生活环境的交互,因此生活环境与生活设施对老年人的自理能力有重要的影响。但我国不同地区的生活环境还存在较大的差距,尤其农村老人的生活设施比城市少得多,如轮椅、坐式马桶、室内厕所等(谷琳,2006),因此不利于农村老人自理能力的维持。但也有学者认为由于农村老人很少洗澡且对生活设施缺乏了解,所以调查时更倾向于回答洗澡不需帮助,从而造成农村老人自理能力更好的结果(焦开山,2009)。

2.2 文献述评

综上所述,已有研究从不同的专业和视角对老年人自理能力、失能轨迹与死亡风险进行了较为全面的探讨,这对深刻认识和准确评价老年人的自理能力、失能轨迹与死亡风险有重大的意义。已有的研究和讨论多集中在不同社会人口学因素对于自理能力、失能轨迹、死亡风险的影响程度,或是从社会医学和专业医学的角度入手,溯源老年人失能及死亡的直接原因。然而,既有研究甚少采用系统的理论框架,研究老年人的失能轨迹的影响因素及其对于死亡风险的影响。在失能轨迹的研究方面,考虑到观察期内死亡的老人与活过观察期的人的健康状况等各方面的特征是不同的,失访的人可能也有其自身的特殊性,这些都会影响到其轨迹的形态。但目前的研究多局限于当时存活的老人失能轨迹的研究,对死亡老人及失访老人的失能轨迹造成的偏离关注甚少。此外,对我国老年人失能轨迹的研究局限在性别差异上,忽略了城乡差异。然而,考虑到中国明显的城乡二元格局,对失能轨迹的城乡差异的研究很有必要。另外,众所周知,老年人的社会资源和卫生服务利用对其自理能力与死亡风险有明显的影响,但是其对失能轨迹与死亡风险的关系的调节作用尚未有人提及。

为此,本书将对死亡、存活、失访、总体老年人的失能轨迹进行对比分析,并分析老年人失能轨迹的性别、城乡差异,进一步分析总体老年人的失能轨迹类型归属的影响因素以及城乡老年人失能轨迹类型归属影响因素的性别差异,进一步探索随时间变动的变量对轨迹发展形态的预测作用。最后探讨失能轨迹对死亡风险的影响的性别差异,并分析相关的健康促进资源对于该影响的调节作用，以求深刻了解造成老年人失能轨迹及死亡风险内部差异的诸多因素，为改善老年人的日常生活自理能力，降低老年人的死亡风险，促进健康公平提出有针对性的对策和建议。

2.3 影响老年人健康状况的理论基础

2.3.1 安德森的卫生服务利用行为模型

安德森在1968年首先提出卫生服务利用行为模型。该模型包括四个主要部分：环境因素、人群特征、卫生行为和健康结果。环境因素指外部环境和卫生服务体系，本书在此不做研究。人群特征，包括倾向特征、促进资源和需求因素三部分。倾向特征，分为人口学特征（年龄、性别、民族等）、社会结构（教育、职业、社会关系等）、健康信念（对健康和卫生服务的观念）。促进资源，指促使个体使用卫生服务的资源，如个人的经济水平、家庭成员的照护、社区卫生服务的质量等。需求因素，反映人们如何看待自己的健康状况，不仅指生物学上的卫生服务利用的需求，一定程度上也受社会因素（如经济状况）和卫生信念（如卫生保健知识等）的影响。卫生行为包括个人生活方式和卫生服务利用。个人生活方式指个人饮食和营养、身体锻炼、烟酒等方面的习惯。卫生服务利用包括门诊、住院等就医行为。健康结果可以从主观健康自评、客观健康状况等方面评价。安德森的卫生服务利用行为模型，分析了卫生服务利用的影响因素，旨在通过提高卫生服务利用获取更好的健康结果。该模型认为，健康结果受到人群特征和个人的健康行为的共同影响。

2.3.2 生物—心理—社会医学模式

人类最早是从生物医学的角度来理解健康，将健康定义为没有疾病，因此传统的健康局限于单纯的医学领域研究。20世纪初期，人们开始认识到，健康不应仅仅只是身体上没有疾病，还应包含更深层次的内容。1948年，世界卫生组织提出健康不仅有生理健康，还包括心理健康和社会适应健康，为健康赋予了新的内涵（黄洁萍，2014）。1977年，恩格尔正式提出了"生物—心理—社会医学模式"，该模式采用系统论思路，充分认识到环境因素、生物因素、社会因素和心理因素对健康的综合作用，认为人是生物的、心理的、社会的三种属性的统一体，建议从生物、心理、社会相统一的角度看待人类的疾病与健康，不仅关注人的生物属性，也关注人的心理特征与社会属性。自此，健康的研究从单纯的生物医学领域发展到心理学、社会学领域，成为一门跨学科研究。

2.3.3 生命历程理论

生命历程理论认为，老年期与生命早年阶段的经历息息相关，早年重要生活事件的累积作用对老年人晚年的生活有重要影响。某一时点的健康状况是过去生活经历累积效果的表现（曾毅，2004）。也就是说，老年期的自理能力是个体从儿童期、成年期再到老年期长期生活条件与生活经历累积的结果。童年时期的营养状况、医疗状况，成年时期的职业、教育、生活方式，老年期的就医状况、经济状况等因素共同影响到老年人的生活自理能力。同时，早年生活状况的劣势具有累积效应，会随时间的增长不断累积，到老年期，这种劣势累积会加倍呈现出来。另外，按照生命历程理论的观点，某一时期的重大事件如丧偶、重大疾病、就医不及时都可能引起之后生活轨迹的变迁。

2.3.4　健康不平等理论

健康不平等不仅包括健康水平在不同人群之间的分布差异，还包括健康机会的不均等性，即获得医疗卫生服务机会的不平等性。健康不平等包含两种概念，一种是纯粹健康不平等，另一种是社会经济健康不平等。纯粹健康不平等是指一个国家或地区一定时期内人群的健康水平的分布差异，常用预期寿命、健康预期寿命、婴儿死亡率、慢性病患病率等指标来评价。主要关注不同性别、不同年龄、不同种族的人群的健康状况的差异，而不考虑健康状况与社会经济状况间的关系，不考虑差异背后的教育、职业、阶层等社会经济方面的原因。社会经济健康不平等是指与不同社会经济特征人群的人群之间健康水平的差异。通常将研究对象按收入、职业、受教育程度等社会经济维度进行分层，考察社会经济状况的不平等造成的健康机会的不平等，即医疗卫生保健可及性的不平等。二者结合使用既能反映健康状况的差异，又能揭示其背后深层次的社会经济原因。

第3章

理论框架与研究设计

在探明老年人自理能力影响因素的作用机理与老年人健康状况的理论基础后，本章将结合影响因素的作用机理与理论基础，提出本书的理论框架。之后将提出本书的研究设计，包括数据来源、概念界定、变量测量、变量界定及分布、研究方法、研究思路。

3.1 理论框架

（1）生物—心理—社会医学模式强调从生物学与心理学、社会学的统一的角度来观察人类的健康和疾病。以往对老年人自理能力影响因素的研究主要从社会层面、生物层面、心理层面进行，大致符合生物—心理—社会医学模式。同时，这些因素既有童年时期的特征，又有成年时期以及即将进入老年时期的特征，符合生命历程理论。因此本书对总体老年人失能轨迹类型归属影响因素的研究也遵照生物—心理—社会医学模式，结合生命历程理论，将随时间恒定的性别、民族、左利手这三个变量作为生物因素，将居住地、受教育程度、职业、儿时营养状况、童年生病就医、60岁时生病就医这6个变量作为社会因素考察其对老年人失能轨迹类型归属的影响。以往研究发现，女性、汉族、左利手、城镇、受过教育、有较高社会地位的职业、60岁时患病不能及时就医的老人具有较高的失能水平。因此在本部分的理论框架中，女性、汉族、左利手、城镇、受过教育、有较高社会地位的职业与高水平失能轨迹之间是正向关系，60岁时患病及时就医与高水平失能轨迹之间是负向关系。值得一提的是，儿童时期充足的营养与医疗条件本身应该可以提升老年时期的自理能力，但由于死亡的选择作用，一些儿童时期营养与医疗不充足的人未到老年时期已死去，存活下来的是自身健康素质较好的老年人。因此产生儿童时期营养与医疗不充足的老人如今自理能力较好、童年时期营养与医疗不充足利于自理能力维持的假象。该理论框架中的"－"号代表各因素对降低失能水平的正向作用，"＋"号代表死亡的选择作用（见图1）。

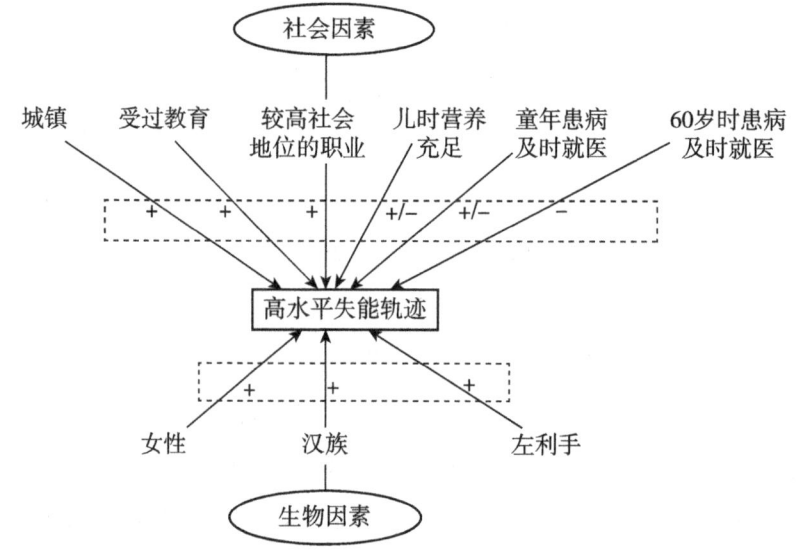

图1 理论框架：老年人失能轨迹类型归属的影响因素

（2）根据以往的研究，随时间变动的变量如有无慢性病、有无孤独感、经济收入、婚姻状况、就医状况、超重或肥胖、营养不良、家庭支持会显著影响老年人的自理能力，有慢性病、有孤独感、超重或肥胖、营养不良、较差的经济状况、丧偶不利于自理能力的维持；患病及时就医、子女给老年人的经济支持、精神慰藉、家人的生活照料有利于老年人保持自理能力。这些方面也基本符合生物—心理—社会医学模式。同时，生命历程理论认为，某一时点发生的重大事件会对以后的轨迹发展产生影响。因此本书在对失能轨迹的发展形态进行预测时，也同样采用生物—心理—社会医学模式，结合生命历程理论，将有无慢性病作为生物因素，将孤独感作为心理因素，将经济收入、婚姻状况、就医状况、超重或肥胖、营养不良、有无代际支持作为社会因素，考察上述方面对老年人失能轨迹发展形态的影响（见图2）。

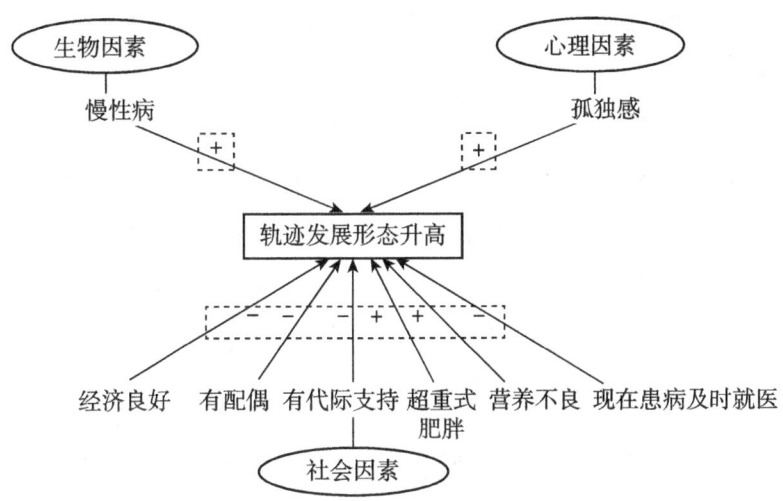

图 2　理论框架：时间变动变量对轨迹发展形态的预测

（3）健康不平等不仅包括健康水平在不同人群之间的分布差异，即纯粹健康不平等，还包括健康机会的不均等性，也就是获得医疗卫生服务机会的不平等性，即社会经济健康不平等。教育水平、职业、医疗等是造成社会经济健康不平等的主要度量指标。根据以往的研究，两性、城乡老年人在接受教育、从事职业、儿童时期的营养与医疗、即将进入老年时期的医疗等方面存在较大的差异，获得上述资源的机会与条件上的差异造成了健康结果上的差异。由于重男轻女思想与男主外女主内的社会分工，女性往往在接受教育的机会方面受限，更多地从事家务劳动、务农等社会地位较低的职业，并且儿童时期的营养与医疗也不被重视，由于终身较低的社会经济地位，医疗资源也难以获得。乡村的社会经济发展水平与医疗水平低于城镇，因此，与城镇老年人相比，乡村老年人社会经济地位低下，更多地从事务农活动，更少接受教育，儿童时期的营养与医疗条件更为恶劣，成年期与老年期医疗资源的可及性更差。这些都造成两性、城乡老年人健康状况上的不平等。在城乡老年人失能轨迹类型归属的影响因素的性别差异的研究这一部分，笔者将生物—心理—社会医学模式与健康不平等理论相结合，构造出如下理论框架（见图3）。一方面，教育、职业等作为社会因素，民族、左利手作为生物因素影响老年人失能轨迹类型归属；另一方面，城乡两性老年人在教育、职业地位、童年营养与医疗、老年时期的医疗等社会因素上的差距，造成老年人失能轨迹类型归属上的性别、城乡差异。

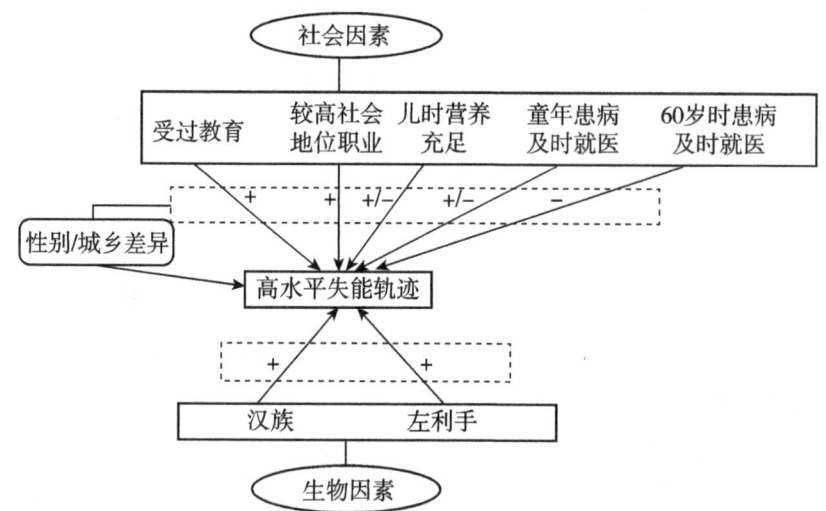

图3　理论框架：老年人失能轨迹类型归属的影响因素的性别、城乡差异

（4）根据安德森的卫生服务利用行为理论，人群特征与健康行为共同影响老年人的健康结果。人群特征包括倾向因素、促进资源、需求因素，健康行为包括生活方式与卫生服务利用。本书将年龄、性别、居住地、受教育程度、民族、胎次、左利手作为倾向因素，将经济状况、婚姻状况、子女的经济支持与精神慰藉、家人的日常照料、儿时营养状况作为促进资源，将各类威胁生命的慢性病作为需求因素，将过去及现在是否经常吸烟、过去及现在是否经常喝酒、过去及现在是否经常体育锻炼作为生活方式，将现在患病及时就医、童年医疗、60岁时医疗作为卫生服务利用状况共同纳入模型，考察其对健康结果——死亡风险的影响。与慢性病一样，失能轨迹影响老年人对卫生服务利用的需求，因此将失能轨迹作为需求因素纳入，分析不同的轨迹类型对死亡风险的影响。同时，考虑到老年期的经济状况、子女的经济支持与精神慰藉、家人的日常照料状况、慢性病状况、患病就医状况是老年时期可改善、可控制的因素，并且以往研究证明这些因素对降低老年人的死亡风险有重要作用，因此这些因素可能会影响到失能轨迹与死亡风险的关系，本书将上述因素与失能轨迹进行交互，考察其对失能轨迹与死亡风险的调节作用（见图4）。

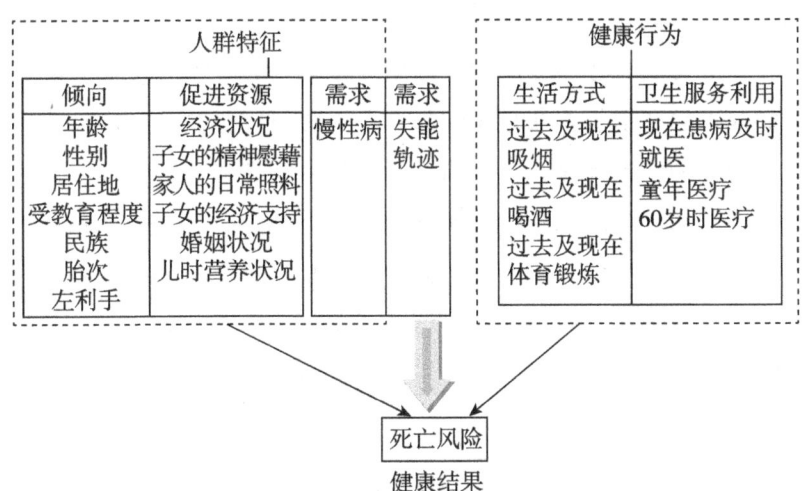

图4 理论框架：失能轨迹对死亡风险的影响

3.2 研究设计

3.2.1 数据来源

本书使用的数据来自 2005 年、2008 年、2011 年的《中国老年健康影响因素跟踪调查》项目。调查覆盖北京、天津、河北、山西、山东、黑龙江、吉林、辽宁、江苏、上海、安徽、江西、浙江、福建、河南、广西、广东、湖南、湖北、陕西、四川、重庆和海南 23 个省区及直辖市。调查内容涉及经济状况、家庭结构、婚姻状况、生活方式、社会支持、身心健康状况等。调查采用 Katz 量表进行生活自理能力的测量，问题和选项的设计严谨、可操作性强。学者对中国老年人健康影响因素跟踪调查、中国老年人健康与养老跟踪调查和中国城乡老年人口状况跟踪调查开展比较发现，这三项老年人专项调查在老年人失能水平的性别差异、年龄变化趋势等方面的统计结果基本一致，唯独在高龄老人失能水平的评估上存在较大的差异，主要原因是其他两项调查在高龄老人的样本规模上存在明显的不足，从而成为限制高龄组老年人群失能水平的测量的主要因素（张文娟等，2015）。相比较而言，《中国老年健康影响因素跟踪调查》覆盖的省区及直辖市和样本规模均相对较高，虽然样本的随机代表性具有一定的缺陷（柳玉芝等，2007），但在高龄老人的数量上占据明显的优势。另外，该项调查追踪年份最多，可以满足本书对研究老年人自理能力变化状况的需求，并且在 2005 年之后三次调查时整合进了失访与死亡老人的信息，可以确保本书进行存活、死亡、失访老人各方面信息尤其是自理能力变化状况的对比。

由于105岁以上老年人可能存在年龄虚报现象，也无法确定其准确性，本书将调查对象界定为65~105岁的老年人。2005年参与调查的总人数为7979人，其中，男性老人3657人，女性老人4322人。80~99岁的老人占较大的比例，女性、乡村、无配偶、文盲老人居多。2005—2011年调查期间，一直存活的老人有2505人，死亡的老人有3538人，失访的老人有1936人。

3.2.2 概念界定

（1）日常生活自理能力（ADL）是指独立应对日常生活活动的能力。国际上通常采用Katz量表（Katz等，1963）来评价老年人的ADL。通常将洗澡、穿衣、上厕所、室内走动、控制二便、吃饭这六项活动中有至少一项活动需要别人帮助界定为丧失日常生活自理能力，六项全部完好的界定为具备日常生活自理能力。

（2）失能轨迹是指失能水平随时间的动态变化趋势。失能轨迹的横坐标为老年人的年龄，纵坐标为失能项数，即六项自理项目中失能的项数的总和，可反映出某一类型的老年人的失能水平随年龄的增长变化趋势。失能轨迹的类型是对相似特征人群的轨迹变化趋势进行总结归类。

3.2.3 变量测量

（1）老年人失能轨迹类型归属的影响因素这一部分，因变量是失能轨迹的类型。失能轨迹的类型根据是否失能以及失能的项数采用模型拟合得出。是否失能根据问卷中的六个问题确定，本书以2005年的问卷为例介绍具体的提问方式。

洗澡是否失能采用"您洗澡时是否需要他人帮助（包括擦洗上身或下身）？"这一问题进行界定，将选项中的"不需要任何帮助"归为0=非失能，将"某一部位需要帮助"和"两个部位以上需要帮助"归为1=失能；穿衣是否失能根据"您穿衣时是否需要他人帮助？"进行界定，将选项中的"自己能找到并穿上衣服，无须任何帮助"归为0=非失能，将"能找到并穿上衣服，但自己不能穿鞋"与"需要他人帮助找衣或穿衣"归为1=失能；如厕是否失能根据"您上厕所大小便时是否需要他人帮助？"进行界定，将"完全能独立，无须帮助"归为0=非失能，将"能自己料理，但需要他人帮助"与"卧床不起，只能在床上由他人帮助使用便盆等"归为1=失能；用"在室内活动时您是否需要他人帮助？"来界定室内活动是否失能，将"无须帮助，可用辅助设施"归为0=非失能，将"需要帮助"和"卧床不起"归为1=失能；控制二便是否失能采用"您是否能控制大小便？"这一问题，将"能控制大小便"归为0=非失能，将"偶尔/有时失禁"与"使用导管等协助控制或不能控制"归为1=失能；用"您吃饭时是否需要他人帮助？"界定吃饭是否失能，将"吃饭无须帮助"归为0=非失能，将"能自己吃饭，但需要一些帮助"和"完全由他人喂食"归为1=失能。

根据生物—心理—社会医学模式，笔者将可能影响老年人失能轨迹的时间恒定的变量作为自变量。轨迹类型的预测指标以2005年为准，可以分为两种领域：

①社会因素，包括居住地、受教育程度、职业、儿童时期营养状况、童年患病能否及时就医、60岁时患病能否及时就医；

②生物因素，包括左利手、民族、性别。

采用的问题及变量的处理如下：

将性别、民族与城乡状况转化为虚拟变量"0""1"；受教育程度根据"您一共上过几年学？"这一问题得出，0年为文盲，多于0年为非文盲；以"您60岁以前主要从事什么工作？"反映职业状况，将"专业技术人员/医生/教师""行政管理"定义为社会地位较高的职业，将"一般职员/服务人员/工人""自由职业者""农民""家务劳动""军人""无业人员"以及"其他"定义为社会地位较低的职业；以"您60岁时，如果生了病能及时得到治疗吗？"定义60岁时的医疗状况，选项为"能"与"不能"；以"您童年时，生病了能及时得到治疗吗？"定义童年时的医疗状况，选项为"能"与"不能"；以"您童年时，是否经常挨饿？"定义童年时期的营养状况，回答"是"则表示童年营养不充足，回答"否"则表示童年营养充足；用"请问您吃饭习惯用哪只手？"这一问题测量是否为左利手，回答"左手"则为左利手，回答"右手"则为右利手。

（2）随时间变动的变量对老年人失能轨迹发展形态的影响这一部分，根据生物—心理—社会医学模式，影响老年人自理能力的随时间变动的因素包括：

①生物因素：体脂率、有无慢性病。年龄的增长带来身体器官功能的衰退，容易面临慢性病、肥胖、营养不良的困扰。

②心理因素：孤独感。子女外出务工情况增多，家庭照料资源减少，这些都容易造成心理状况的变化，其中，孤独感是最易产生的一种消极情绪。

③社会因素：经济收入、婚姻状况、代际支持、现在患病及时就医。老年人晚年都会经历退出劳动生产阶段的过程，其经济收入通常会降低，经济收入的变化影响其获取医疗照护、养生保健资源的能力。随着年龄的增长，婚姻状态也可能由有偶进入无偶阶段，个人照护资源、心理状态都会随之变化，严重者可能会由于丧偶的沉重打击患上心脏病等慢性疾病。老化也会使老年人所需要的和家人提供的家庭支持发生变化，如若家人能够提供充足的家庭支持，可能有益于老年人的身心状况。经济状况、身体

状况等的变化也会使患病就医状况有所改变，而患病就医状况的可得性又影响到老年人的身体健康状况。

  采用的问题及变量的处理如下：根据"您现在的婚姻状况是？"这一问题，将婚姻状况分为有配偶和无配偶，将"已婚，并与老伴住在一起""已婚，但不与老伴住在一起"定义为有配偶，将"离婚""丧偶""从未结过婚"定义为无配偶；根据"目前，当您身体不舒服时或生病时主要是谁来照料您？"界定日常照料情况，若回答由配偶或儿子、儿媳或女儿、女婿或孙子孙女或其他亲属照料则定义为有家人的日常照料，若回答由朋友邻里、社会服务、保姆、无人帮助则定义为无家人的日常照料；根据"您平时与谁聊天最多？"界定子女的精神慰藉情况，若回答的三项中有儿子儿媳或女儿女婿或孙子女则定义为有精神慰藉，若回答的三项中没有儿子儿媳或女儿女婿或孙子女则定义为无精神慰藉；根据"近一年来，您的子女、孙子女及其配偶给您现金（或实物折合）多少元？"这一问题定义子女的经济支持状况，如果子女、孙子女及其配偶三方面相加所给现金等于0元，则定义为无子女的经济支持，若三方面相加不等于0元则定义为有子女的经济支持；以"如果您生重病，请问能及时到医院治疗吗？"这一问题界定现在的就医状况，答案选项为"能"与"不能"；若老年人自报有"心脏病""中风及脑血管疾病""呼吸系统疾病""癌症"这几类对自理能力及死亡风险有较大影响的慢性病之一，则定义为"有慢性病"，如果老人自报这几类慢性病都不具备，则定义为"无慢性病"；根据"您是不是经常觉得孤独？"这一问题确定有无孤独感，若老人回答"总是"或"经常"，则定义为有孤独感，若回答"有时""很少""从不"则定义为无孤独感，无法回答视为缺失；以"您所有的生活来源是否够用？"这一问题来定义老年人的经济状况，若回答"够用"，则表示经济状况良好，若回答"不够用"则表示经济状况较差。

（3）老年人失能轨迹对死亡风险的影响这一部分的因变量是死亡风险持续的时间，即从受访者首次被调查的日期到死亡日期之间的间隔天数。如果研究对象在 2005 年到 2011 年失踪或者在 2011 年调查时仍然存活，则其死亡风险持续时间是删节的，即受访者最晚一次接受调查的日期减去其首次接受调查的日期。

自变量是老年人失能轨迹的类型。笔者将可能影响老年人死亡风险的失能轨迹的类型作为自变量。根据安德森模型，失能轨迹可以被看作人群特征中的一种需求因素。

根据安德森模型，笔者将可能影响老年人死亡风险的除失能轨迹外的其他人群特征与健康行为作为控制变量。具体包括：

①倾向因素，包括年龄、居住地、受教育程度、民族、性别、胎次、左利手；

②促进资源，包括经济收入、婚姻状况、儿童时期营养状况、子女的经济支持、子女的精神慰藉、家人的日常照料；

③需求因素，包括是否患有心脏病、中风及脑血管疾病、呼吸系统疾病、癌症等各类慢性疾病。

④健康行为，包括个人卫生行为，即过去及现在是否经常吸烟、饮酒、进行体育锻炼；卫生服务利用行为，包括童年患病能否及时就医、60 岁时患病能否及时就医、现在患病能否及时就医。后两个变量不仅从供给方面反映医疗服务的可及性，而且从老年人的经济状况、行动能力反映出老年人能否就医，以及意愿上是否愿意利用医疗服务。

采用的问题及变量的处理如下：将年龄划分为"65~79""80~89""90~99""100~105"四个类别的分类变量；根据"您现在是否经常吸烟？""您过去是否经常吸烟？"这两个问题，将吸烟划分为"过去不吸现在也不吸""过去不吸现在吸""过去吸现在不吸""过去吸现在也吸"四种类型；根据"您现在是否经常喝酒?""您过去是否经常喝酒?"这两个问题,将饮酒划分为"过去不喝现在也不喝""过去不喝现在喝""过去喝现在不喝""过去喝现在也喝"四种类型;根据"您现在是否经常锻炼身体?""您过去是否经常锻炼身体?"这两个问题,将锻炼身体划分为"过去不锻炼现在也不锻炼""过去不锻炼现在锻炼""过去锻炼现在不锻炼""过去锻炼现在也锻炼"四种类型。其他变量的划分同前两部分。

3.2.4 变量界定及分布

表1 2005年接受调查时老年人的基本特征

变量名	变量定义	变量分布(%)	失能比例(%)
性别	0=男性	45.83	17.66
	1=女性	54.17	26.05
城乡	0=城镇	44.47	26.41
	1=农村	55.53	18.84
受教育程度	0=文盲	57.01	25.38
	1=非文盲	42.99	18.40
年龄	0=65~79	38.38	6.17
	1=80~89	30.33	20.41
	2=90~99	21.53	38.24
	3=100~105	9.76	55.46
婚姻状况	0=无配偶	63.19	28.26
	1=有配偶	36.81	11.81
经济状况	0=较差	23.74	23.81
	1=较好	76.26	21.72
童年营养充足	0=是	32.59	24.34
	1=否	67.41	21.09

续表

变量名	变量定义	变量分布（%）	失能比例（%）
高血压	0 = 无	79.19	21.41
	1 = 有	20.81	25.75
糖尿病	0 = 无	97.07	21.8
	1 = 有	2.93	34.55
心脏病	0 = 无	89.49	21.05
	1 = 有	10.51	32.87
中风及脑血管病	0 = 无	93.36	20.29
	1 = 有	6.64	50.7
呼吸系统疾病	0 = 无	86.35	21.77
	1 = 有	13.65	26.12
癌症	0 = 无	99.38	22.23
	1 = 有	0.62	36.96
现在经常吸烟	0 = 否	79.69	24.76
	1 = 是	20.31	12.22
现在经常喝酒	0 = 否	78.90	24.70
	1 = 是	21.10	12.83
现在经常体育锻炼	0 = 否	66.36	27.44
	1 = 是	33.64	11.89
过去经常吸烟	0 = 否	64.27	24.03
	1 = 是	35.73	18.86
过去经常喝酒	0 = 否	68.36	23.16
	1 = 是	31.64	20.08
过去经常体育锻炼	0 = 否	61.01	21.14
	1 = 是	38.99	23.83
现在重病能否及时就医	0 = 否	11.40	24.73
	1 = 能	88.60	21.88
童年患病就医	0 = 否	57.46	19.93
	1 = 能	42.54	21.05

续表

变量名	变量定义	变量分布（%）	失能比例（%）
60岁时患病就医	0＝否	12.16	23.63
	1＝能	87.84	20.53
BMI	0＝正常	44.92	16.94
	1＝偏瘦	44.03	27.64
	2＝肥胖	11.05	22.00
子女的精神慰藉	0＝无	28.65	17.39
	1＝有	71.35	24.06
子女的经济支持	0＝无	13.50	16.81
	1＝有	86.50	23.05
家人的日常照料	0＝无	9.12	29.81
	1＝有	90.88	21.45
孤独感	0＝无	91.39	17.36
	1＝有	8.61	28.46

我们通过表1总体来看，2005年接受调查的老年人以女性、乡村老人居多，年龄较大，丧偶的比例较高，配偶能够提供的帮助有限，因此对子女的照料要求更高。另外，老年人虽然受教育程度低，但经济状况较好。各类慢性病的患病率较高，童年营养条件、医疗条件较差。多数老人现在及60岁时就医条件较好，但有超过10%的老人重病不能及时就医。相当一部分老人生活方式较差。多数老年人BMI正常或偏低。大部分老人都可得到代际支持，没有孤独感。

另外，老年人的生活自理能力状况与其自身特征有着密不可分的关系。表现在：男性、乡村、受过教育、中低龄、有配偶、经济状况较好、童年营养不充足、无各类慢性病、现在经常吸烟、现在经常喝酒、现在经常体育锻炼、现在重病能及时就医、童年患病不能及时就医、60岁时患病能及时就医、BMI正常、无孤独感的老年人自理能力较好；女性、城镇、文盲、高龄、无配偶、经济状况较差、童年营养充足、有各类慢性病、现在不经常吸烟、现在不经常喝酒、现在不经常体育锻炼、现在重病不能及时就医、过去不经常吸烟、过去不经常喝酒、过去经常体育锻炼、童年患病能及时就医、60 岁时患病不能及时就医、BMI 偏低或偏高、有孤独感的老年人自理能力较差。

3.2.5 研究方法

对老年人失能轨迹的研究采用组基轨迹模型，组基轨迹模型可以识别具有相似轨迹的个体的聚类，有效区分出不同的失能发展轨迹类型，并找出不同类型的人群特征，并对个体的轨迹类型归属加以解释，并用随时间变动的变量来预测失能轨迹的发展形态。该模型原理的详细介绍，参见 Nagin（2005）的专著。在此介绍组基发展建模涉及的 3 个基本问题以及本书中模型的设定。

（1）确定失能轨迹的组数，设定轨迹的形状。通常需要根据现有理论确定轨迹组数，在没有既有理论的情况下，则需要根据轨迹类型数和时间函数的不同组合，运行出一系列模型，之后采用贝叶斯信息标准，确定最佳模型的组数和形状，标准为 BIC 的绝对值，越接近 0 越好。轨迹形状可能与时间变动无关，可能是一次函数、二次函数、三次函数等。

（2）计算个体 i 属于轨迹类型 j 的概率。

（3）检验正确分类的概率。计算每个个体被分到不同轨迹的后验概率估计值，根据最大概率分配原则将个体分配到其后验群体身份概率最大的组。正确分类概率明显超过 0.7 的经验标准，表明所拟合的模型是可接受的（Nagin，2005）。

由于本书的因变量为计数变量，因此本书采用组基泊松发展模型。同时，由于残障值取 0 的频数超出正常情况，即计数变量在不同时点的分布上存在零膨胀现象，因此最终确定组基零膨胀泊松发展模型。

为了确定最佳轨迹类型数，本书从单一类型（即轨迹组数＝1）开始，运行了包含不同轨迹类型数和不同时间函数组合下的组基模型，根据 BIC 值确定了轨迹类型数。本书发现轨迹类型为 3 时，BIC 的绝对值最低，因此确定轨迹类型的最佳数量为 3 类。在确定轨迹类型数为 3 的情况下，本书比较了模型中将时间函数设定成不同形式组合的情况下的 BIC 状况，得到了每一组轨迹类型的最佳组合。运行设定的发展模型后，我们可以得到个体后验轨迹类型身份概率的估计值，并根据最大概率分配原则将个体分配到概率估计值最大的轨迹类型（巫锡炜，2009），并据此将老年人分配到不同的失能轨迹类型中去。在对群体成员的轨迹类型进行分类后，本书将时间恒定的解释变量纳入模型，采用多分类 Logit 回归来考察时间恒定协变量如何影响群体成员的轨迹类型归属。进一步将时间变动的变量纳入模型，考察时间变动的协变量对轨迹发展形态的影响。基本思路如图 5 所示：

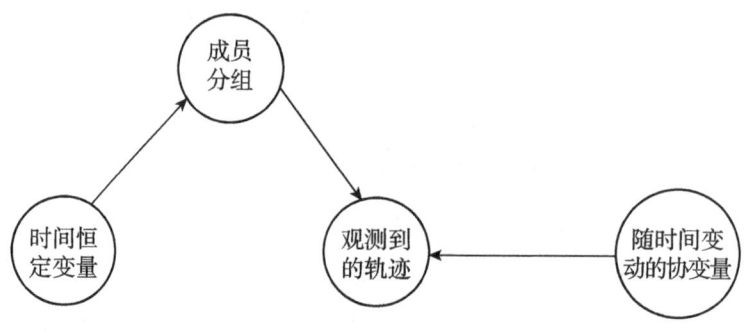

图 5　组基轨迹模型的作用原理

3.2.6　研究思路

基于已有研究中阐述的可能对老年人的自理能力造成影响的

诸多因素，本书以生物—心理—社会医学模式为分析框架，将可能影响老年人失能轨迹类型归属的时间恒定的因素依照生物因素、心理因素、社会因素进行划分，评估其对老年人失能轨迹的类型归属的影响。以安德森的卫生服务利用行为模型为分析框架，将可能影响老年人死亡风险的因素依照人群特征和健康行为进行划分，评估其对老年人死亡风险的影响。具体分析将依照如下步骤逐步深入：首先对总体、存活、死亡、失访的老年人的个人特征在初始观察年份的分布进行描述统计，以获得不同状态老年人群的基本特征。之后，运用组基轨迹模型拟合出存活、死亡、失访老年人群的失能轨迹，并进行对比分析。继而分析总体老年人的失能轨迹及其性别、城乡差异。进一步分析总体老年人的失能轨迹及其轨迹类型的影响因素，并分析影响因素的性别、城乡差异，之后通过时间变动变量来预测失能轨迹的发展形态。最后，将总体老年人的失能轨迹作为安德森模型中的需求因素，分析失能轨迹的类型对老年人的死亡风险的影响，并确定老年期的各种状况及资源对失能轨迹与死亡风险关系的调节作用。分析思路如图 6 所示：

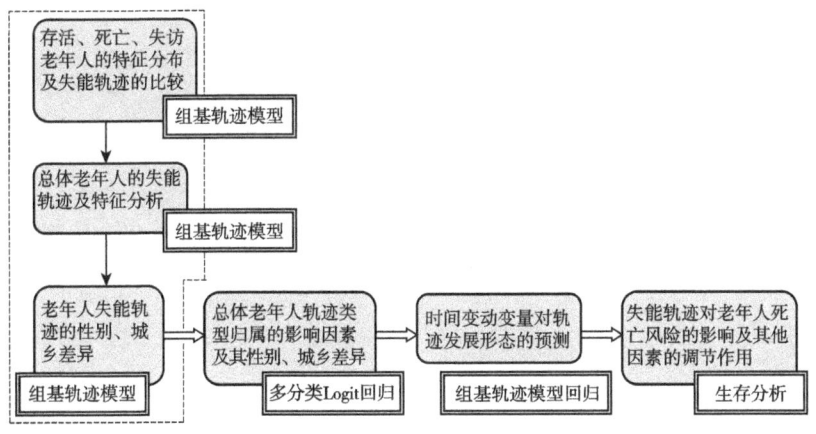

图 6　研究思路示意

第4章

中国老年人口的失能轨迹

有研究表明，调查期间失访及死亡的老人具有某些特定的特征，死亡的老年人往往比失访及存活的老人具有更高的失能水平。存活、死亡、失访作为调查期间的状态，可能是生物、社会等因素共同作用造成的结果而非偶然形成，也就是说，很大程度上老年人由于其自身的某些特征造成了调查期间存活、死亡、失访的不同状态。但以往对老年人失能轨迹的研究只利用调查期间一直存活的老年人的数据，很可能低估了老年人失能轨迹的走势。本章将首先拟合出存活、死亡、失访老人的失能轨迹并对比分析，以验证本书的推测，继而对总体老年人的失能轨迹进行拟合，弥补以往研究的不足，最后对总体老年人失能轨迹的性别、城乡差异进行分析。

4.1 存活、死亡、失访老年人的失能轨迹

笔者对2005年存活、死亡、失访老年人的特征分布进行了描述统计（见表2）。统计结果发现失访老人多是高龄、城镇、无配偶、文盲、经济状况较好、自理、女性。存活老年人多为中低龄、乡村、有配偶、文盲、经济状况较好、自理、女性。死亡老年人多为高龄、乡村、无配偶、文盲、经济状况较好、自理、女性。

表2　2005年存活、死亡、失访老年人的特征分布　　单位：%

		失访（1936人）	存活（2505人）	死亡（3538人）
年龄组	65~79	38.93	65.15	19.08
	80~89	30.61	26.71	32.76
	90~99	22.13	6.99	31.51
	100~105	8.32	1.16	16.65
居住地	城镇	60.29	38.8	39.82
	乡	39.71	61.2	60.18
婚姻状态	有配偶	37.64	51.02	26.31
	无配偶	62.36	48.98	73.69
受教育程度	文盲	51.35	53.3	62.77
	非文盲	48.65	46.7	37.23
经济状况	不够用	19.86	23.95	25.74
	够用	80.14	76.05	74.26
自理能力	非失能	77.82	93.77	66.45
	失能	22.18	6.23	33.55
性别	男	44.73	46.79	45.76
	女	55.27	53.21	54.24

注：如无特殊说明，以上数据均根据北京大学2005年、2008年、2011年全国老年健康影响因素跟踪调查数据计算所得。

与存活的老年人相比，死亡的老年人年龄更高、无配偶率更高、受教育程度更低、经济状况更差、自理能力更差。与存活的老年人相比，失访的老年人年龄更高、多居住在城镇地区、无配偶率更高、受教育程度更高、经济状况更好、自理能力更差。与死亡老年人相比，失访老年人年龄更低、多居住在城镇地区、有偶率更高、受教育程度更高、经济状况更好、自理能力更好。

这样的分布是有一定的原因的。死亡的老年人多是由于较高的年龄导致身体各器官的衰退。无配偶率更高的原因是年龄更高导致的丧偶率较高，受教育程度更低是因为其较早的出生年代，教育未得到重视。较低的受教育程度导致较差的经济状况，而这些都是导致死亡的老年人自理能力低下的重要原因。

猜测一部分失访老人可能由于年纪较大身体功能退化难以照料自己而搬去与子女同住或住进养老机构，另一部分身体较好的老人为了给子女照料家务而迁移到别的地区导致失访。失访老人以城镇地区老人较多的原因是农村的老人与子女的居住地大多相毗邻，老人不用搬迁彼此就方便照看。即使搬迁，由于农村浓厚的人脉关系网，容易得到老人新的住址。而城镇的老人与子女相距较远，一旦老人身体功能出现障碍或子女需要他们的照料，老人就需要搬离原来的居住地，并且城镇的邻里关系较为单薄，老人一旦搬迁就不易追踪到新的居住地址。同时，城镇老人通常受教育程度更高、经济状况更好、自理能力更差，故而失访老人比存活老人受教育程度更高、经济状况更好、自理能力更差。

总的来说，死亡老人各方面的条件均处于劣势，失访老人次之，存活老人条件最好。可能是各方面条件的优劣造成了调查时期存活、死亡、失访的不同状态。据此，本书推断各方面条件的优劣也可能对存活、死亡、失访老人的失能轨迹造成不同的影响，即存活、死亡、失访的老年人的失能轨迹存在差异。笔者将分别拟合出存活、死亡、失访状态的老年人的失能轨迹并对比分析。

如图7所示，失访老人的失能轨迹主要存在三种类型。类型1的老人的失能水平一直很低，大多数老人直到年龄很大时仍未出现失能。因此，将该类型定义为"身体健全型"。40%的老年人属于类型1。类型2的老人的失能水平开始比较低，进入高龄之后开始随年龄平稳增长。因此，将该类型定义为"低起点高龄期迅速发展型"。49%的老年人属于类型2。类型3的老人的失能水平开始时就相对偏高，65岁调查时已经出现一项失能，并且一直处在迅速的发展过程中。因此，将该类型定义为"较高起点迅速发展型"。11%的老年人属于类型3。

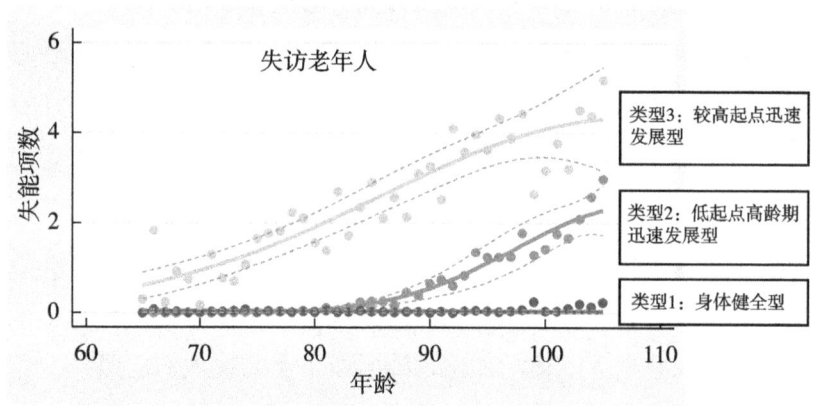

图7 失访老年人的失能轨迹

如图8所示，存活老人的失能轨迹主要有三种类型。类型1的老人的失能水平一直很低，大多数老人直到年龄很大时仍未出现失能。因此，将该类型定义为"身体健全型"。47.7%的老年人属于类型1。类型2的老人的失能水平开始比较低，进入高龄之后开始随年龄平稳增长。因此，将该类型定义为"低起点高龄期较快发展型"。44.5%的老年人属于类型2。类型3的老人的失能水平开始时就相对偏高，70岁调查时已经出现一项失能，并且

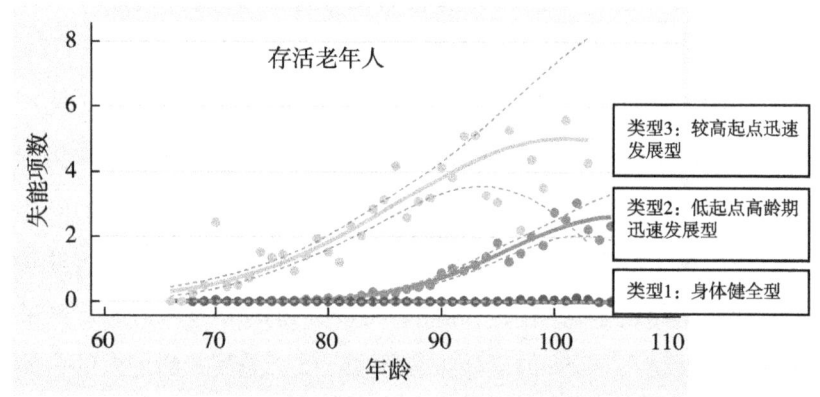

图8 存活老年人的失能轨迹

一直处在迅速的发展过程中。因此，将该类型定义为"较高起点迅速发展型"。7.7%的老年人属于类型3。

如图9所示，死亡老人的失能轨迹主要有三种类型。类型1的老人的失能水平一直很低，只在90岁之后轻微上升。因此，将该类型定义为"身体健全型"。49.1%的老年人属于类型1。类型2的老人的失能水平开始比较低，75～85岁时随年龄增长平稳增长，85岁之后增长迅猛。因此，将该类型定义为"低起点高龄期迅速发展型"。34.6%的老年人属于类型2。类型3的老人的失能水平在开始调查时就已经出现两项失能。之后一直处在较快的发展过程中。因此，将该类型定义为"高起点较快发展型"。16.3%的老年人属于类型3。

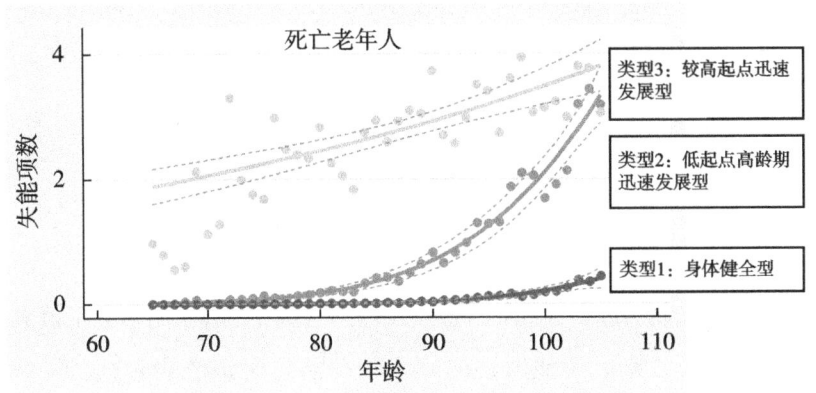

图9　死亡老年人的失能轨迹

根据上述分析发现，失访与存活的老人失能轨迹的前两种类型几乎一致，第三种类型的失能轨迹略有差异。第三种类型失访的老年人在开始调查时已经出现一项失能，而存活的老年人开始时失能程度略低。存活的老年人重度失能出现的时间早于失访的老年人。但属于轨迹类型3的失访的老年人的比例远远高于存活的老年人。总的来说，失访老年人的失能情况比存活老年人略微严重。

与存活和失访的老年人相比，轨迹类型2的死亡老年人在90

岁之后其失能水平处于迅速上升状态。其失能水平上升的速度明显快于类型2的失访与存活的老年人。轨迹类型3的死亡老年人与类型3的失访及存活老人的差距最大，其在调查时已经出现了两项失能，并一直处于中度失能的状态，并未到达重度失能的程度。轨迹类型3的存活与失访老人则经历了从轻度失能到中度失能再到重度失能的变化阶段，不仅失能起点较低，而且大多数时间段其失能水平都低于死亡老人。

通过对存活、死亡、失访老人的失能轨迹的对比分析发现，死亡老人的失能轨迹起点比存活与失访的老人高、发展比存活与失访的老人迅速。所以理论上认为失能起点高、走势高的老人死亡风险高。也就是说失能轨迹的起点与之后的走势对于死亡风险是有预测作用的。这为本书之后分析失能轨迹对死亡风险的影响奠定了理论基础。

4.2　总体老年人的失能轨迹

上述分析发现，存活、死亡、失访老人的失能轨迹存在很大的差异，死亡老人失能轨迹的起点比存活与失访的老人高、发展比存活与失访的老人迅速。以往的研究只利用存活老人的数据，一定程度上低估了老年人的失能轨迹的起点、终点与发展走势，与现实的情况存在较大的偏差。因此该部分将死亡、失访、存活三种状态的老人整合到一起拟合出总体老年人的失能轨迹，并分析其轨迹类型。希望明确如下问题：第一，老年人的自理能力随时间变化的动态趋势如何？上升，下降，还是不变？变化速度如何？第二，可以分成几种类型？各自的起点与走势如何？每一类型都是什么特征的人群？

如图10所示，总体老年人的失能轨迹可以分为三种类型。

类型 1 的老人的失能水平一直很低，大多数老年人直到年龄很大时仍未出现失能。因此，将该类型定义为"身体健全型"。41.4% 的老年人属于类型 1。类型 2 的老人的失能水平开始比较低，进入高龄之后平稳上升。因此，将该类型定义为"低起点高龄期迅速发展型"。46.5% 的老年人属于类型 2。类型 3 的老人的失能水平开始时就相对偏高，70 岁左右已经出现一项失能，并且一直处在迅速的发展过程中。因此，将该类型定义为"较高起点迅速发展型"。12.2% 的老年人属于类型 3。

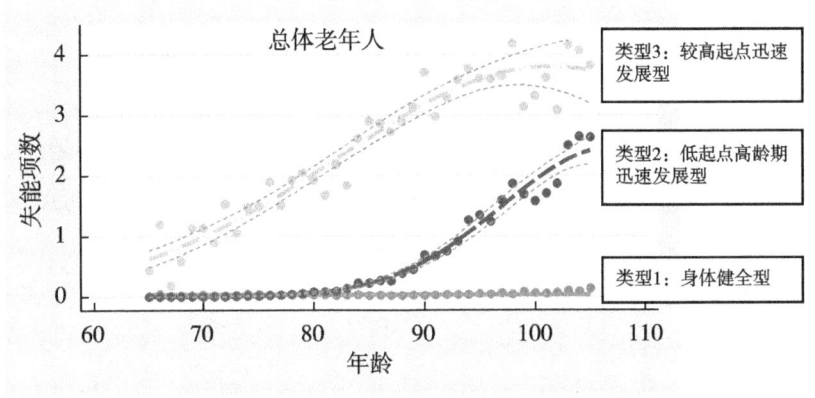

图 10　总体老年人的失能轨迹

如无特殊说明，下文中的轨迹类型 1 均指"身体健全型"，轨迹类型 2 均指"低起点高龄期迅速发展型"，轨迹类型 3 均指"较高起点迅速发展型"。

如表 3 所示，类型 1 的老人在 2005 年调查时的平均年龄为 88.2 岁，盛行于男性、农村、文盲、基线调查时已是高龄、无配偶、经济状况较好、无各类疾病、现在重病不能及时就医、童年生病不能及时就医、童年营养不充足、60 岁时生病不能及时就医的老人中。类型 2 的老人在 2005 年调查时的平均年龄为 81.5 岁，盛行于女性、受过一定教育、基线调查时年龄为中低龄、有配偶、经济状况较好、较为致命性的慢性疾病相对较多、各个阶段均可及时就医、童年营养充足的老人中。类型3的老人在2005年调查时的平均年龄为84.3岁，盛行于女性、城镇、文盲、基线调查时年龄为高龄、无配偶、经济状况较差、有各类慢性病、现在重病无法及时就医、童年及60岁时生病能及时就医、童年营养充足的老人中。

表3 总体老年人不同轨迹类型的概貌特征

		类型1（%）	类型2（%）	类型3（%）
		41.40	46.50	12.20
性别	男性	36.48	53.16	10.36
	女性	33.71	55.23	11.06
城乡	城镇	32.75	54.26	12.99
	农村	36.76	54.3	8.94
受教育程度	文盲	37.11	52.05	10.83
	非文盲	32.02	57.42	10.56
基线调查年龄	65~79	11.33	80.27	8.39
	80~89	56.69	28.6	14.71
	90~99	45.4	42.67	11.93
	100~105	37.48	57.51	5.01
婚姻状况	有配偶	26.42	63.53	10.04
	无配偶	39.96	48.89	11.15
经济状况	较差	32.68	53.48	13.83
	较好	35.67	54.55	9.78
高血压	无	36.04	54.5	9.46
	有	29.04	54.72	16.23

续表

		类型1（%）	类型2（%）	类型3（%）
		41.40	46.50	12.20
糖尿病	无	35.1	54.59	10.31
	有	22.73	50.45	26.82
心脏病	无	35.77	54.11	10.13
	有	23.77	59.04	17.19
中风等脑血管病	无	36.18	54.92	8.9
	有	12.83	47.49	39.68
呼吸系统疾病	无	35.34	54.16	10.5
	有	30.39	56.31	13.3
癌症	无	34.59	54.59	10.83
	有	10.87	67.39	21.74
现在重病能否及时就医	否	35.16	50.77	14.07
	能	34.96	54.73	10.31
童年医疗	否	33.03	56.72	10.25
	能	32.11	56.94	10.95
童年营养充足	是	33.11	55.99	10.9
	否	36.21	53.4	10.39
60岁时就医	否	37.77	51.9	10.33
	能	32.88	56.45	10.67

比较三种类型的老年人的特征分布，笔者发现最主要的区别是：类型1多为男性、文盲、无配偶、无各类疾病、晚年经济状况较好、各个阶段均不能及时就医、童年营养也不充足的老年人。类型2多为女性、受过一定教育、有配偶、晚年经济状况较好、有各类慢性病、各阶段均可及时就医、童年营养也充足的老年人。类型3主要是女性、文盲、无配偶、经济状况较差、有各类慢性病、现在重病无法及时就医、童年营养充足、童年及60

岁时生病能及时就医的老人。除了没有慢性病之外，类型1的老人与类型2的老人相比各个方面几乎不占优势。但是，从死亡的选择作用上考虑，生命早期经历过恶劣事件却存活下来的老人，其晚年时期反而具有健康上的优势。所以类型1的老人虽然早期各方面的资源不占优势，但却在生命晚期进行了劣势的扭转。另外，男性老年人虽然比女性老年人死亡风险高，但在经过健康的选择作用活下来之后，反而具有较好的健康状况。除了患慢性病率较高外，类型2的老年人各个方面的资源占有均处于优势地位，资源占有上的优势提升了其自理能力。推测较高的慢性病患病率导致其在高龄期开始失能。类型3的老人多数童年生病能及时就医、童年营养充足，但老年期慢性病患病率较高、经济状况较差、患病无法及时就医，早年的资源占有让他们可以摆脱死亡的选择作用活下来，但由于遗传基因等原因，仍改变不了他们本身健康状况较差的事实，晚年之后这种先天的劣势会在经济状况与医疗条件均较差的情况下出现一种总爆发。

  类型1的老人虽然占有资源较少，但由于先天的健康优势，同时经受住了早期资源稀缺的挑战，晚年丧失自理能力的概率反而较低。除此之外，类型1的老人与另外两种类型的老人的最大的区别是慢性病患病率较低，推测原因是长年从事农业劳动有利于降低慢性病患病率、保持自理能力。类型2和类型3的老人是最需要引起重视并加以干预的。类型2的老人在进入高龄期后失能风险迅速上升。虽然在资源占有上有较大的优势，但各类慢性疾病在他们当中出现扩张。一方面，类型2的老人80～100岁时一直处于轻度失能的状态，百岁以后才开始中度失能。如果借助社会和科技发展的力量，为类型2的老年人创造一个便捷的生活环境，降低日常活动对生理和体能的要求，相信类型2的老年人的自理能力会大大提升，并节省下大量的照料资源。另一方面，类型2的老年人由于慢性病患病率上升，导致出现失能。应严格控制慢性病的发生与发展，推迟其失能的发生。类型 3 的老人晚年资源占有较少，并且本身的健康状况就不占优势，所以失能水平是最高的。该部分老人在 65 岁之前就已出现失能，80 岁之后转向中重度失能。由于健康状况与资源占有上的双重劣势，对类型 3 的老人来说，更多的照料帮助、经济扶持、医疗保健服务、康复护理都是必要的，对可能走上类型 3 的老人，要从成年期就监控其慢性病的发生发展，宣扬健康的生活方式。

4.3 老年人失能轨迹的性别差异

以往研究发现，男性老年人和女性老年人的失能水平存在很大的差异，由于生理、社会等方面的原因，女性老年人往往具有更高的失能水平。那么，从纵向看，老年人的失能轨迹有无性别差异？女性老年人除了具有较高的失能水平，失能的起点、终点与发展速度是否也高于男性老人？基于以往的研究，本书假设在失能轨迹的起点、终点与发展走势上，女性老年人高于男性老年人，且更高比例的男性老人进入"身体健全型"轨迹。

图 11 为男性老年人的失能轨迹。男性老人的失能轨迹可以分为三种类型：类型 1 的老人的失能水平一直很低，大多数老人直到年龄很大时仍未出现失能。因此，将该类型定义为"身体健全型"。45.6% 的老年人属于类型 1。类型 2 的老人的失能水平开始比较低，进入高龄之后迅速上升。因此，将该类型定义为"低起点高龄期迅速发展型"。42.5% 的老年人属于类型 2。类型 3 的老人的失能水平开始时就相对偏高，70 岁左右已经出现一项失能，并且一直处在迅速的发展过程中。因此，将该类型定义为"较高起点迅速发展型"。11.9% 的老年人属于类型 3。

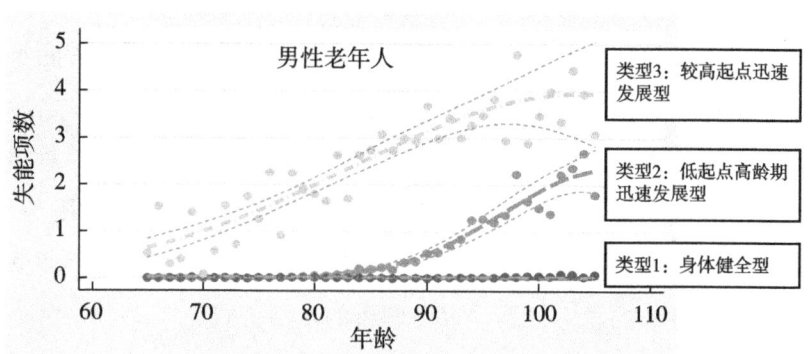

图 11　男性老年人的失能轨迹

图 12 为女性老年人的失能轨迹。女性老人的失能轨迹可以分为 3 种类型：类型 1 的老人的失能水平一直很低，大多数老人直到年龄很大时仍未出现失能。因此，将该类型定义为"身体健全型"。39.4% 的老年人属于类型 1。类型 2 的老人的失能水平开始比较低，进入高龄之后迅速上升。因此，将该类型定义为"低起点高龄期迅速发展型"。48.5% 的老年人属于类型 2。类型 3 的老人的失能水平开始时就相对偏高，70 岁左右已经出现一项失能，并且一直处在迅速的发展过程中。因此，将该类型定义为"较高起点迅速发展型"。12.1% 的老年人属于类型 3。

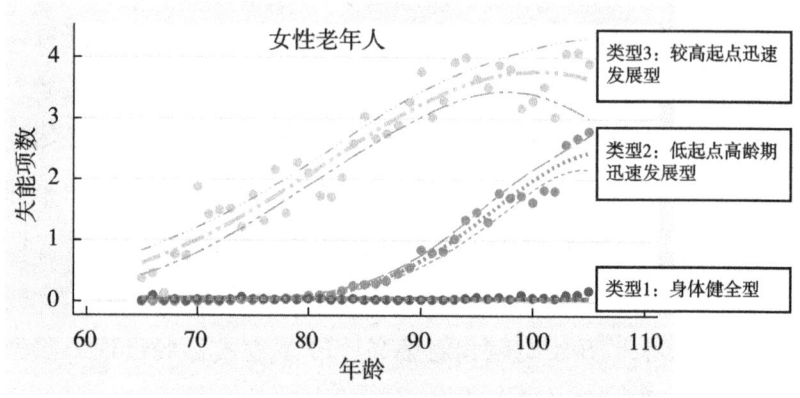

图 12　女性老年人的失能轨迹

对图 11 与图 12 两性老人失能轨迹的对比分析发现，老年人的失能轨迹的类型不存在显著的性别差异。尽管三种类型的男性和女性老年人的失能轨迹的发展走势与失能起点、终点基本一致，但女性老人属于"身体健全型"的比例只有 39.4%，远远小于男性老人的 45.6%。女性老人属于"低起点高龄期迅速发展型""较高起点迅速发展型"的比例分别为 48.5%、12.1%，远远高于男性老人的 42.5%、11.9%。说明女性老人终身能自理的可能性低于男性老年人，更倾向于走上自理能力不健全的轨迹。这部分印证了本书的假设。

4.4 老年人失能轨迹的城乡差异

城乡老年人由于社会经济发展水平、医疗水平等原因，失能水平存在较大差别。那么，从纵向看，老年人的失能轨迹有无城乡差异？城镇老人除了具有较高的失能水平，失能的起点、终点与发展速度是否也高于乡村老人？基于以往的研究，本书推测在失能轨迹的起点、终点与发展走势上，城镇老年人高于乡村老年人，且更高比例的乡村老人进入"身体健全型"轨迹。

如图 13 所示，城镇老人的失能轨迹可以分为三种类型：类型 1 的老人的失能水平一直很低，大多数老人直到年龄很大时仍未出现失能。因此，将该类型定义为"身体健全型"。34.8% 的老年人属于类型 1。类型 2 的老人的失能水平开始比较低，进入高龄时开始迅速上升。因此，将该类型定义为"低起点高龄期迅速发展型"。50.5% 的老年人属于类型 2。类型 3 的老人的失能水平开始时就相对偏高，65 岁时已经出现接近一项失能，并且一直处在迅速的发展过程中。因此，将该类型定义为"较高起点迅速发展型"。14.7%的老年人属于类型3。

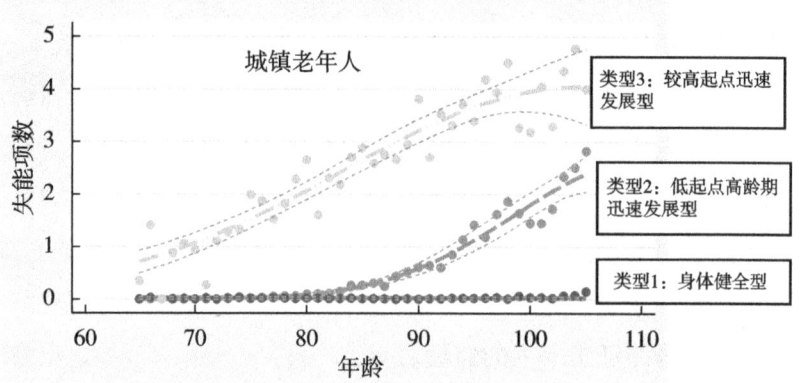

图13 城镇老年人的失能轨迹

如图14所示，乡村老人的失能轨迹可以分为三种类型：类型1的老人的失能水平一直很低，大多数老人直到年龄很大时仍未出现失能。因此，将该类型定义为"身体健全型"。45.7%的老年人属于类型1。类型2的老人的失能水平开始比较低，到达高龄时开始迅速上升。因此，将该类型定义为"低起点高龄期迅速发展型"。43.7%的老年人属于类型2。类型3的老人的失能水平开始时就相对偏高，65岁时已经出现0.6项失能，并且一直处

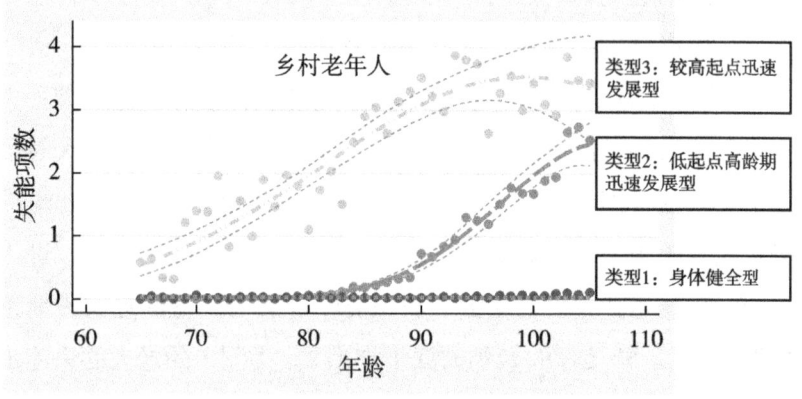

图14 乡村老年人的失能轨迹

在迅速的发展过程中。因此,将该类型定义为"较高起点迅速发展型"。10.6% 的老年人属于类型 3。

仔细观察类型 2 和类型 1 的老人,可以发现城乡老年人的失能轨迹的发展走势与失能起点、终点基本一致。比较类型 3 的老年人可以发现,城市老年人的失能程度更严重。城市老人 65 岁时已经出现接近 1 项失能,轨迹的最高点为 4 项失能,乡村老人 65 岁时出现 0.6 项失能,轨迹的最高点为 3.5 项失能,并且城市老人属于"身体健全型"的比例只有 34.8%,远远小于乡村老人的 45.7%。城市老人属于"低起点高龄期迅速发展型""较高起点迅速发展型"的比例分别为 50.5%、14.7%,远远高于乡村老人的 43.7%、10.6%。说明城市老人失能程度更严重,终身能自理的可能性低于乡村老年人,更倾向于走上自理能力不健全的轨迹。印证了本书的假设。

4.5 城乡老年人失能轨迹的性别差异

上述分析发现,老年人的失能轨迹存在一定程度的性别、城乡差异。但是,城乡两性老年人的失能轨迹是否有明显的差异呢?本书需要对乡村男性老人、乡村女性老人、城镇男性老人、城镇女性老人的失能轨迹进行比较,以更深刻地认识到城乡两性老年人的失能发展状况,得出更有可比性、更有针对性的结果。

如图 15 所示,乡村男性老人的失能轨迹可以分为三种类型:类型 1 的老人的失能水平一直很低,大多数老人直到年龄很大时仍未出现失能。因此,将该类型定义为"身体健全型"。53.3% 的老年人属于类型 1。类型 2 的老人的失能水平开始比较低,进入高龄之后迅速上升。因此,将该类型定义为"低起点高龄期迅速发展型"。37.1% 的老年人属于类型 2。类型 3 的老人的失能水平开始时就相对偏高，70 岁左右已经出现一项失能，并且一直处在较快的发展过程中。因此，将该类型定义为"较高起点迅速发展型"。9.6% 的老年人属于类型 3。

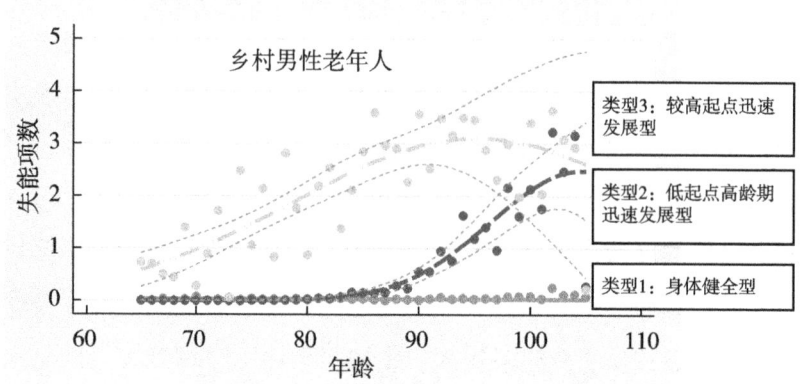

图 15　乡村男性老年人的失能轨迹

如图 16 所示，乡村女性老人的失能轨迹可以分为三种类型：类型 1 的老人的失能水平一直很低，大多数老人直到年龄很大时仍未出现失能。因此，将该类型定义为"身体健全型"。42.3% 的老年人属于类型 1。类型 2 的老人的失能水平开始比较低，进

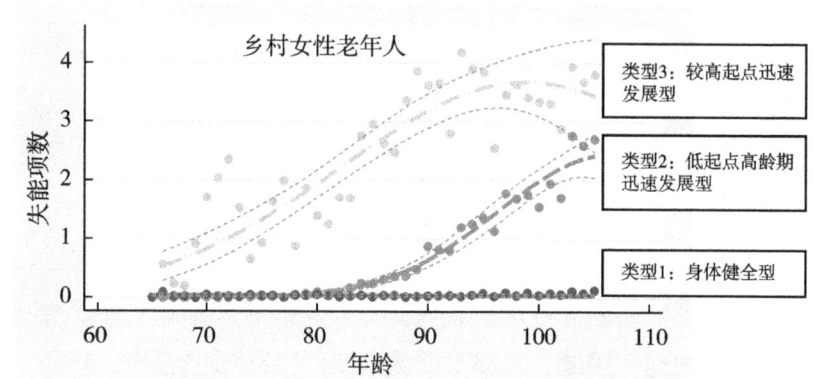

图 16　乡村女性老年人的失能轨迹

入高龄之后迅速上升。因此，将该类型定义为"低起点高龄期迅速发展型"。46.7% 的老年人属于类型 2。类型 3 的老人的失能水平开始时就相对偏高，70 岁左右已经出现一项失能，并且一直处在迅速的发展过程中。因此，将该类型定义为"较高起点迅速发展型"。11.1% 的老年人属于类型 3。

如图 17 所示，城镇男性老年人的失能轨迹可以分为三种类型：类型 1 的老人的失能水平一直很低，大多数老人直到年龄很大时仍未出现失能。因此，将该类型定义为"身体健全型"。33.3% 的老年人属于类型 1。类型 2 的老人的失能水平开始比较低，进入高龄之后平稳上升。因此，将该类型定义为"低起点高龄期迅速发展型"。50.5% 的老年人属于类型 2。类型 3 的老人的失能水平开始时就相对偏高，65 岁时已经出现一项失能，并且一直处在迅速的发展过程中。因此，将该类型定义为"较高起点迅速发展型"。16.2% 的老年人属于类型 3。

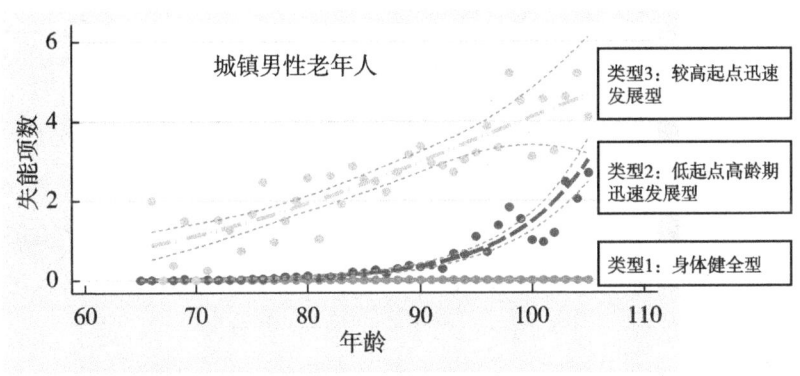

图 17　城镇男性老年人的失能轨迹

如图 18 所示，城镇女性老人的失能轨迹可以分为三种类型：类型 1 的老人的失能水平一直很低，大多数老人直到年龄很大时仍未出现失能。因此，将该类型定义为"身体健全型"。34.1% 的老年人属于类型 1。类型 2 的老人的失能水平开始比较低，进入高龄之后迅速上升。因此，将该类型定义为"低起点高龄期迅速发展型"。51.6%的老年人属于类型2。类型3的老人的失能水平开始时就相对偏高，70岁左右已经出现一项失能，并且一直处在迅速的发展过程中。因此，将该类型定义为"较高起点迅速发展型"。14.4%的老年人属于类型3。

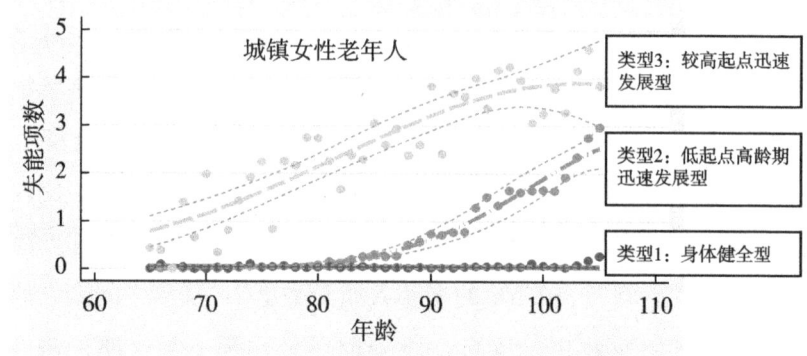

图18 城镇女性老年人的失能轨迹

根据上述分析可以看出城乡两性老年人的失能轨迹存在显著的差异。虽然失能轨迹的类型基本一致，都可分为"身体健全型""低起点高龄期迅速发展型""较高起点迅速发展型"，但其失能轨迹的起点、终点、发展走势以及各轨迹类型所占比例存在明显的差异。

比较乡村男性、乡村女性、城镇男性、城镇女性"身体健全型"的轨迹，可以发现轨迹的起点、终点与发展走势基本没有差异，在所占比例上，53.3%的乡村男性老年人属于该类型，42.3%的乡村女性老年人属于该类型，33.3%的城镇男性老年人属于该类型，34.1%的城镇女性老年人属于该类型。乡村男性老年人有更多的可能性进入"身体健全型"轨迹，其次是乡村女性老年人，城镇女性老年人与城镇男性老年人可能性最小。

比较乡村男性、乡村女性、城镇男性、城镇女性"低起点高龄期迅速发展型"的轨迹，可以发现发展轨迹的走势有所区别但差异不大。城镇女性、乡村女性、乡村男性老年人的失能轨迹的发展走势与失能起点、终点基本一致，都是在93岁时接近或达到1项失能，100岁时达到2项失能。城镇男性老年人发展走势略慢，96岁时达到1项失能，102岁时达到2项失能。在所占比例上，37.1%的乡村男性老年人属于该类型，46.7%的乡村女性老年人属于该类型，50.5%的城镇男性老年人属于该类型，51.6%的城镇女性老年人属于该类型。城镇女性老年人有更多的可能性进入"低起点高龄期迅速发展型"轨迹，其次是城镇男性老年人，乡村女性老年人次之，乡村男性老年人可能性最小。

比较乡村男性、乡村女性、城镇男性、城镇女性"较高起点迅速发展型"的轨迹，可以发现轨迹的起点、终点与发展走势有较大的差异。城镇女性老年人65岁开始调查时已经出现接近1项失能，79岁时达到2项失能，88岁时达到3项失能，之后发展到接近4项失能。城镇男性老年人65岁调查时已经出现1项失能，80岁时达到2项失能，90岁时达到3项失能。100岁时，出现4项失能，100岁后，发展到接近5项失能的程度。乡村男性在65岁调查时刚出现0.6项失能。90岁达到3项失能后失能轨迹并未再升高。乡村女性老人于65岁开始调查时仅出现0.6项失能，88岁时达到3项失能，之后发展到3.6项失能。城镇女性与城镇男性老年人轨迹的起点、终点最高、发展走势最快，乡村女性老年人次之，乡村男性老年人最低。在所占比例上，9.6%的乡村男性老年人属于该类型，11.1%的乡村女性老年人属于该类型，16.2%的城镇男性老年人属于该类型，14.4%的城镇女性老年人属于该类型。城镇男性老年人有更多的可能性进入"较高起点迅速发展型"轨迹，其次是城镇女性老年人，乡村女性老年人次之，乡村男性老年人可能性最小。

总的来说，乡村男性老年人更多进入"身体健全型"，更少进入"较高起点迅速发展型"，且"较高起点迅速发展型"的走势最慢，属于自理能力最理想的群体。乡村女性老年人较乡村男性老年人差一些，但优于城镇男性与城镇女性老年人。

4.6 小结

存活、死亡、失访老人的失能轨迹存在较大的差别，死亡老人的失能轨迹起点比存活与失访的老人高、发展走势比存活与失访的老人迅猛。以往的研究只关注存活的老人的失能轨迹，忽略了总体老年人失能轨迹的水平。

总体老年人的失能轨迹可以分为三种类型："身体健全型""低起点高龄期迅速发展型""较高起点迅速发展型"。"身体健全型"的老人常年从事农业劳动、慢性病患病率较低，同时，经受住了早期资源稀缺的挑战，晚年丧失自理能力的概率反而较低。"低起点高龄期迅速发展型"的老年人各个方面的资源占有均处于优势地位，资源占有上的优势提升了其自理能力。本书推测较高的慢性病患病率导致其在高龄期开始失能。"较高起点迅速发展型"的老年人早年的资源占有让他们可以摆脱死亡的选择作用活下来，但仍改变不了他们本身健康状况较差的事实，老年期在经济状况与医疗条件均较差的情况下自理能力迅速下降。

老年人的失能轨迹存在显著的性别差异。女性老人的自理能力比男性老人差，表现在进入"身体健全型"轨迹的老年人的比例低于男性老年人。女性老人相比男性老人拥有的经济与医疗资源有限，同时，丧偶率高，从配偶处获得经济与照料资源的可能性较低，并且获得的社会照料资源也有限。因此更容易陷入健康状况、经济资源、心理状况、照料资源等各方面的劣势状态。解决女性老年人问题是解决老年人问题的重中之重。

城乡老年人的失能轨迹存在显著的差异。城镇老人的自理能力比乡村老人差，表现在失能比例高、失能轨迹发展走势快。原因可能是：一方面，乡村老年人更多地从事农业活动，保持了较好的自理能力；另一方面，城镇医疗技术较为发达，使城镇老年人得以带残生存下来。乡村老年人通常疾病发现不及时、治疗不到位，故而带残存活率较低。而正是由于乡村老年人的生存条件比城镇老年人差，因此能存活到老年时期甚至高龄阶段的乡村老年人自身的健康素质较为优秀，因此表现出存活的乡村老年人自理状况较好的现象。

第5章
老年人的失能轨迹类型归属的影响因素

在探明我国老年人失能轨迹及其性别、城乡差异的基础上，本书将根据生物—心理—社会医学模式，利用时间恒定的解释变量来预测老人的失能轨迹的类型归属，并分析城乡老年人失能轨迹类型归属影响因素的性别差异。

5.1 总体老年人的失能轨迹类型归属的影响因素分析

在组基轨迹模型中，时间恒定的解释变量可以预测老人的失能轨迹属于哪一个类型。确定出对老年人失能轨迹类型归属有显著影响的变量，就可以有效预测出不同特征的老年人群未来可能的失能轨迹，从而确定高失能轨迹的风险老年人群并加以干预。

在本章中，笔者根据生物—心理—社会医学模式，将可能影响老年人失能轨迹的时间恒定的解释变量纳入模型，以确定老年人失能轨迹类型归属的影响因素。这些时间恒定的解释变量包括：性别、民族、左利手、居住地、受教育程度、职业、儿时营养、童年患病就医、60岁时患病就医。左利手、民族、性别属于生物因素。性别、民族是个人的自然属性，是无法改变的人口特征。左利手可能是先天遗传的，也可能是后天养成的，但无论哪种情况，大多在童年或成年时期就已定格，在老年时期改变的概率并不大。居住地、受教育程度、职业、儿时营养、童年患病就医、60岁时患病就医属于社会因素，反映出个人的社会经济状况与社会资源。城市/农村住宅可能随着时间而改变，但为应对残疾或死亡的迁移可能不是很远，尽管现在农村向城市迁移率相当高，但老年人更少采取这些举措。受教育程度通常是在生命早期已固定，老年时期提升教育程度的可能性很小。本书的职业采用的是60岁之前主要从事的职业，并且一个人所从事的职业通常都属于同一种类型，不太容易发生大的变动。童年时期的营养和医疗状况是生命最早期的特征，是终身健康状况的基石，后期是无法改变的。60岁时患病就医也是进入老年期之前的特征。

以往研究表明，女性老年人由于生理、社会等方面的原因，往往具有比男性老年人更高的失能风险；少数民族老年人由于特殊的生理特征，其失能风险低于汉族老年人；居住地对失能风险的影响在目前学界并未达成共识，有的学者认为城市老年人缺乏体力劳动与锻炼从而失能风险高，有的学者认为乡村老年人对疾病的认识与发现较晚导致了更高的致残风险，也有学者认为失能水平的高低与生活环境的便利程度是相关的，农村老人缺少便利的生活设施导致失能水平较高。本书的研究发现城镇老年人失能轨迹的发展走势高于乡村老年人，进入"身体健全型"轨迹的比例小于乡村老人；左利手对老年人的自理能力有不利的影响，一方面可能是遗传生物学方面的原因，左利手人群患有乳腺癌、脑癌和其他癌症的比例较高，另一方面可能是由于目前的生活设施主要是为右利手人群准备的，左利手老人使用起来很不方便。不管何种原因，左利手都可能对老年人失能轨迹的类型归属产生影响；以往研究指出，老人的社会经济地位越高，综合健康水平越好，睡眠和认知功能越好，抑郁症越少，但是缺乏日常生活活动，心脑疾病并发率更高（曾毅等，2017）。因此，教育与职业作为社会地位的标志，更多地促进了老年人综合的健康水平，但却不利于其自理能力的保持；童年时期的资源占有状况如营养、医疗资源等可能会对一个人的健康状况产生长期甚至终身的影响。充足的营养与医疗无疑有益于个体的健康状况。然而对总体老年人轨迹特征的分析发现，属于"身体健全型"轨迹的老年人多是童年营养不充足、童年患病不能及时就医的老年人，这是由于健康的选择作用，存活下来的童年资源短缺的老人都是健康素质更好的老人；60岁时的患病就医状况关系到整个老年期的健康状况，患病及时就医会减少各类慢性病与急性病的损伤，从而降低失能概率。上述变量都对某一时点的自理能力有影响，但究竟这些变量中有哪些会对老年人失能轨迹的类型归属产生显著的影响呢？根据上述文献研究，本书假设女性、汉族、城镇、左利手、受过教育、有较高社会地位的职业、童年营养充足、童年患病能及时就医、60岁时患病不能及时就医的老年人更多地进入高水平的失能轨迹。

本部分的研究采用多分类 Logit 模型，因变量为轨迹类型归属（1＝类型1、2＝类型2、3＝类型3）。由于身体一直比较健全的轨迹类型1与直到高龄才出现失能的轨迹类型2均属于比较理想的情形，本书将失能发生最早、状况最严重的轨迹类型3定为参照类（见表4）。

表4 老年人失能轨迹类型归属的影响因素

	变量	变量定义	轨迹1 vs 轨迹3	轨迹2 vs 轨迹3
生物因素	性别	女	－0.458***	－0.147
	民族	汉族	－0.541*	－0.380
	左利手	左利手	－0.835***	－0.596**

续表

变量		变量定义	轨迹1 vs 轨迹3	轨迹2 vs 轨迹3
社会因素	居住地	乡村	0.209⁺	0.189⁺
	受教育程度	非文盲	−0.295*	0.013
	职业	较低地位	0.599***	0.187
	儿时营养	不充足	−0.028	−0.098
	童年患病就医	能	0.063	−0.087
	60岁时患病就医	能	−0.043	0.169

注：$N=5181$，$R^2=0.01$，*** $p<0.001$，** $p<0.01$，* $p<0.05$，+ $p<0.1$。

回归结果显示，在生物因素方面，性别、民族、左利手显著影响老年人失能轨迹的类型归属。在社会因素方面，居住地、受教育程度、职业显著影响老年人失能轨迹的类型归属。儿时营养、童年患病就医、60岁时患病就医对于老年人轨迹类型的归属没有显著影响。

在控制其他变量的情况下，女性老年人属于"身体健全型"失能轨迹的可能性小于男性老年人。性别对于老年人属于"低起点高龄期迅速发展型"还是"较高起点迅速发展型"不存在显著影响。众多研究已经证实女性老人自理能力比男性老人差。男性老人虽然预期寿命比女性老人短，但自理能力比女性好，尤其是活到较高年龄的男性老人，更是经受住了死亡的选择作用，反而身体状况更好。

在控制其他变量的情况下，汉族老年人属于"身体健全型"

失能轨迹的可能性小于少数民族老年人。民族对于老年人属于"低起点高龄期迅速发展型"还是"较高起点迅速发展型"不存在显著影响。这与以往研究认为"少数民族老年人的自理能力好于汉族老年人"的结论相符。

在控制其他变量的情况下，左利手老年人属于"身体健全型"和"低起点高龄期迅速发展型"失能轨迹的可能性小于右利手老年人。左利手的老年人更容易走上"较高起点迅速发展型"的失能轨迹。已有研究证实，左利手老年人的生活自理能力比右利手老年人差（顾大男，2008）。

从居住地来看，乡村老年人属于"身体健全型"和"低起点高龄期迅速发展型"失能轨迹的可能性高于城镇老年人。居住在城镇的老年人更容易被分配到"较高起点迅速发展型"。农村老年人主要从事体力劳动，保持了较好的自理能力。城镇老年人可能由于不经常从事体力劳动，失能的概率更高。另外，城镇老年人可能得益于较好的医疗卫生条件与保健知识，得以带残存活，而乡村老年人由于医疗卫生条件可及性较差、医疗保健意识不足，患病不能及时就医，很多健康状况不好的老年人在未失能之前就去世了。

文盲老年人属于"身体健全型"失能轨迹的可能性高于非文盲老年人。受教育程度对于老年人属于"低起点高龄期迅速发展型"还是"较高起点迅速发展型"不存在显著影响。文盲老年人多是农村老年人，更多地从事农业生产活动，因此保持了较好的自理能力。

从事较低社会地位职业的老年人属于"身体健全型"失能轨迹的可能性高于从事较高社会地位职业的老年人。职业对于老年人属于"低起点高龄期迅速发展型"还是"较高起点迅速发展型"不存在显著影响。从事较低社会地位职业的老年人更多地从事农业生产、搬运等耗费体力的活动，因此保持了较好的自理能力。从事较高社会地位职业的老年人更多地从事白领、医生等运动量较小的室内工作，缺乏锻炼的生活环境使其容易患各类慢性病，不利于保持其自理能力。

5.2 城乡老年人失能轨迹类型归属的影响因素的性别差异

表 5 对城镇男性、城镇女性、乡村男性、乡村女性老年人在调查对象人群中所占比例以及老年人不同特征人群的比例分布进行了描述统计。在本次调查中，城镇男性老年人有 1634 人，占

表 5 城乡两性老年人各类特征人群的比例分布

	变量	变量定义	城镇男性（%）	城镇女性（%）	乡村男性（%）	乡村女性（%）
生物因素	民族	少数民族	3.86	5.07	7.02	7.81
		汉族	96.14	94.93	92.98	92.19
	左利手	右利手	96.75	96.65	96.49	96.84
		左利手	3.25	3.35	3.51	3.16
社会因素	受教育程度	文盲	22.99	69.85	37.23	86.63
		非文盲	77.01	30.15	62.77	13.37
	职业	较高地位	44.42	10.62	8.76	0.55
		较低地位	55.58	89.38	91.24	99.45
	儿时营养	充足	41.30	40.68	27.22	24.73
		不充足	58.70	59.32	72.78	75.27
	童年患病就医	不能	47.42	53.74	60.14	64.40
		能	52.58	46.26	39.86	35.60
	60 岁时患病就医	不能	5.26	7.95	13.95	18.48
		能	94.74	92.05	86.05	81.52
	N		1634	1914	2023	2408

20.48%；城镇女性老年人有 1914 人，占 23.99%；乡村男性老年人有 2023 人，占 25.35%；乡村女性老年人有 2408 人，占 30.18%。乡村女性老年人占比最多，其次为乡村男性老年人与城镇女性老年人，城镇男性老年人占比最少。

在城镇男性老年人中，少数民族占 3.86%，汉族占 96.14%。右利手占 96.75%，左利手占 3.25%。文盲占 22.99%，非文盲占 77.01%。从事较高地位职业的老年人占 44.42%，从事较低地位职业的老年人占 55.58%。儿时营养充足的老年人占 41.30%，儿时营养不充足的老年人占 58.70%。童年患病不能及时就医的占 47.42%，童年患病能及时就医的占 52.58%。60 岁时患病不能及时就医的占 5.26%，能及时就医的占 94.74%。在城镇女性老年人中，少数民族占 5.07%，汉族占 94.93%。右利手占 96.65%，左利手占 3.35%。文盲占 69.85%，非文盲占 30.15%。从事较高地位职业的老年人占 10.62%，从事较低地位职业的老年人占 89.38%。儿时营养充足的老年人占 40.68%，儿时营养不充足的老年人占 59.32%。童年患病不能及时就医的占 53.74%，童年患病能及时就医的占 46.26%。60 岁时患病不能及时就医的占 7.95%，能及时就医的占 92.05%。在乡村男性老年人中，少数民族占 7.02%，汉族占 92.98%。右利手占 96.49%，左利手占 3.51%。文盲占 37.23%，非文盲占 62.77%。从事较高地位职业的老年人占 8.76%，从事较低地位职业的老年人占 91.24%。儿时营养充足的老年人占 27.22%，儿时营养不充足的老年人占 72.78%。童年患病不能及时就医的占 60.14%，童年患病能及时就医的占 39.86%。60 岁时患病不能及时就医的占 13.95%，能及时就医的占 86.05%。在乡村女性老年人中，少数民族占 7.81%，汉族占 92.19%。右利手占 96.84%，左利手占 3.16%。文盲占 86.63%，非文盲占 13.37%。从事较高地位职业的老年人占 0.55%，从事较低地位职业的老年人占 99.45%。儿时营养充足的老年人占 24.73%，儿时营养不充足的老年人占 75.27%。童年患病不能及时就医的占 64.40%，童年患病能及时就医的占

35.60%。60岁时患病不能及时就医的占18.48%，能及时就医的占81.52%。

少数民族老年人在乡村女性老年人中所占比例最高，其次为乡村男性老年人，城镇男性老年人中所占比例最低。乡村男性老年人中左利手老年人所占比例最高，其次为城镇女性老年人，乡村女性老年人所占比例最低。城镇男性老年人中非文盲老年人所占比例最高，其次为乡村男性老年人，乡村女性老年人所占比例最低。可见城镇男性老年人受过教育的最多，乡村女性老年人受过教育的最少。城镇男性老年人中从事较高地位职业的老年人所占比例最高，其次为城镇女性老年人，乡村女性老年人所占比例最低。从事较高地位的职业与较高的受教育程度相关，因此城镇老年人与乡村男性老年人中从事较高地位职业的老年人所占比例较多，而由于乡村女性老年人普遍教育程度较低，因此职业地位最低，多是务农为主。城镇男性老年人中儿时营养充足的老年人所占比例最高，其次为城镇女性老年人，乡村女性老年人所占比例最低。城镇男性老年人中童年能及时就医的老年人所占比例最高，其次为城镇女性老年人，乡村女性老年人所占比例最低。城镇男性老年人中60岁时患病能及时就医的老年人所占比例最高，其次为城镇女性老年人，乡村女性老年人所占比例最低。乡村女性在受教育程度、从事职业地位高低、医疗条件、童年营养条件等方面均处于劣势。一方面，乡村的社会经济发展水平和医疗水平低于城镇。另一方面，由于重男轻女思想，乡村女性老年人的受教育程度、童年营养与医疗不被重视。同时，由于女性老年人的经济地位较低，医疗服务可及性较差。

总体人群的回归结果显示，性别和城乡显著影响老年人失能轨迹的类型归属。为了明确不同性别和不同地域老年人失能轨迹的类型归属的决定因素，本书对城镇男性、城镇女性、乡村男性、乡村女性的轨迹类型归属的影响因素分别回归（见表6），并进行对比分析，以明确不同特征人群轨迹类型归属的影响因素，有针对性地分析原因并提出对策和建议。

第5章 老年人的失能轨迹类型归属的影响因素

表6 城乡老年人失能轨迹类型归属的影响因素的性别差异

	变量	变量定义	城镇男性			城镇女性			乡村男性			乡村女性		
			轨迹1 vs 轨迹3	轨迹2 vs 轨迹3	轨迹1 vs 轨迹3	轨迹1 vs 轨迹3	轨迹2 vs 轨迹3		轨迹1 vs 轨迹3	轨迹2 vs 轨迹3		轨迹1 vs 轨迹3	轨迹2 vs 轨迹3	
生物因素	民族	汉族	-0.820	-0.423	-0.176	-0.219		-0.227	0.512		-0.542	-0.445		
	左利手	左利手	0.458	-0.114	-0.721	-0.378		0.240	0.872		-1.337***	-1.018**		
	受教育程度	非文盲	-0.540	0.027	-1.255***	-0.512*		0.201	-0.398		-0.300	0.064		
社会因素	职业	较低地位	0.674*	-0.070	-0.192	-0.037		0.684*	1.501**		-13.180	-12.534		
	儿时营养	不充足	-0.283	-0.307	0.036	-0.008		-0.213	-0.317		0.196	0.144		
	童年患病就医	能	0.150	-0.109	-0.023	-0.311		-0.033	-0.170		-0.003	0.008		
	60岁时患病就医	能	-0.630	-0.171	-0.008	0.324		0.632*	0.161		-0.339	-0.140		
	N		824			1027			1467			1863		
	R^2		0.03			0.02			0.03			0.01		

注：***$p<0.001$，**$p<0.01$，*$p<0.05$，+$p<0.1$，此处类型1均指"身体健全型"。

首先看城镇男性老人轨迹类型归属的影响因素。生物因素对于城镇男性老人的轨迹类型归属没有显著影响，社会因素中的职业类型显著影响城镇男性老人的轨迹类型归属。从事较低社会地位的职业的老人属于"身体健全型"失能轨迹的可能性高于从事较高社会地位的职业的老人。职业对于老年人属于"低起点高龄期迅速发展型"还是"较高起点迅速发展型"失能轨迹不存在显著影响。一方面，从事较低社会地位的职业的城镇男性老人更多地从事农业生产、搬运等耗费体力的活动，因此保持了较好的自理能力；另一方面，城镇男性兼具城镇与男性这两大优势，本应是具有最高的社会经济地位与社会资源的群体，然而城镇男性又是收入差距最大的一类群体。

根据 Wilkinson 的收入差距假说，收入差距对个人健康产生不良影响。大多数城镇男性老人都具有一定的文化，也就意味着更好的经济资源与医疗卫生条件。因此在工作、婚配、精神等方面无疑是最占优势的。而与之相反的是，为数不多的较低社会地位的城镇男性老人更多地受到社会不公平状况的挤压，从而面临身体、经济、精神等方面的多重压力，属于明显的弱势群体，这些都会对其健康状况造成一定的危害。也正因如此，职业地位较低的城镇男性老人具有较高的死亡风险，能存活下来被纳入调查的是战胜了死亡的选择作用、健康状况最好的一批，因此呈现良好的自理能力。具有较高社会地位的城镇男性，大多从事室内工作，运动量较小，容易患上各类慢性病。同时，较完备的医疗技术条件使之能够克服死亡的选择作用，带残存活下来，因此更容易归属于失能状况较严重的轨迹。

其次看城镇女性老人轨迹类型归属的影响因素。生物因素对于城镇女性老人的轨迹类型归属没有显著影响，社会因素中的受教育程度显著影响城镇女性老人的轨迹类型归属。城镇女性文盲老人属于"身体健全型"和"低起点高龄期迅速发展型"失能轨迹的可能性高于城镇女性非文盲老人。模型在单独放入职业未放入受教育程度时，职业的影响是显著的。但在放入受教育程度后，职业的影响变得不再显著，证明受教育程度与职业有共线性，受教育程度在一定程度上通过职业对老年人的自理能力产生影响（这部分略去，只保留最终模型）。我国自古有重男轻女的思想，尤其对近现代出生的女性来说，教育远未普及。但城镇女性相比于乡村女性仍有更多的机会接受教育。对城镇女性而言，接受过一定的教育赋予她们更高的社会地位，这部分女性大多从事室内工作，运动量较小，不利于其自理能力的保持。

再次看乡村男性老人轨迹类型归属的影响因素。生物因素对于乡村男性老人的轨迹类型归属没有显著影响，社会因素中的职业与60岁时的就医状况显著影响乡村男性老人的轨迹类型归属。从事较低社会地位的职业的老人属于"身体健全型"和"低起点高龄期迅速发展型"失能轨迹的可能性高于从事较高社会地位的职业的老人。从事较低社会地位的职业的乡村男性老人更多地从事农业生产活动，因此保持了较好的自理能力。同时，较低社会地位的乡村男性老人保健意识、医疗条件较差，很多老人未进入老年期或刚进入老年期不久就去世了。能够存活下来的乡村男性老人是自身基因与身体素质比较强大的那部分老人。

60岁时患病能及时就医的乡村男性老年人属于"身体健全型"失能轨迹的可能性大于60岁时患病不能及时就医的老年人。60岁时患病就医状况对于老年人属于"低起点高龄期迅速发展型"还是"较高起点迅速发展型"失能轨迹不存在显著影响。由于城镇老人尤其是城镇男性老人普遍就医条件较好，不仅有更多的经济资源支撑，也有更便利的医护环境与设施，乡村老人这方面的资源相对匮乏。女性老人患不危及生命的疾病的概率更大且对疾病有更大的耐受性，而男性老人患心脑血管病、中风等危及生命的疾病的概率更大，乡村男性老人兼具乡村与男性这两大生存劣势，因此就医条件对于乡村男性老人而言最为重要，若不能及时就医，则会大大增加致病致残的风险。

最后看乡村女性老人轨迹类型归属的影响因素。生物因素中的左利手对于乡村女性的轨迹类型归属有显著影响，社会因素对乡村女性老人的轨迹类型归属没有显著影响。左利手的乡村女性老人属于"身体健全型"和"低起点高龄期迅速发展型"失能轨迹的可能性小于右利手的乡村女性老人。

本书发现，受教育程度或与之相关的职业只对城镇男性、城镇女性、乡村男性老人这三类群体的失能轨迹表现出显著的影响，但对乡村女性老人的失能轨迹没有显著影响。原因是城镇老人大多拥有一定的受教育水平，即使是城镇女性老人也很有可能接受过一定时间的教育。乡村男性老人的受教育水平虽然不如城镇男性老人，但部分乡村男性老人仍接受过一定年限的教育。乡村女性老人则拥有乡村与女性这两重资源劣势，大多只从事家务或农活，很少有老人接受过教育。因此，受教育程度或职业对乡村女性老人的失能轨迹的类型并不能产生显著的影响。另外，左利手对自理能力有负面影响，左利手老人通常失能较早、发展较快，且这种影响更多地作用于乡村女性老人，对城镇老年人以及乡村男性老年人的失能轨迹的类型归属则没有表现出显著影响。

5.3 小结

从总体上看，生物因素中的性别、民族、左利手，社会因素中的居住地、受教育程度、职业显著影响老年人失能轨迹的类型归属。具体来说，女性老年人属于"身体健全型"失能轨迹的可能性小于男性老年人；汉族老年人属于"身体健全型"失能轨迹的可能性小于少数民族老年人；左利手老年人属于"身体健全型"和"低起点高龄期迅速发展型"失能轨迹的可能性小于右利手老年人；乡村老人属于"身体健全型"和"低起点高龄期迅速发展型"失能轨迹的可能性大于城镇老人；文盲老人属于"身体健全型"失能轨迹的可能性大于非文盲老人；从事较低社会地位的职业的老人属于"身体健全型"失能轨迹的可能性大于从事较高社会地位的职业的老人。

从性别与城乡来看，职业类型显著影响城市男性老人的轨迹类型归属，从事较低社会地位的职业的老人属于"身体健全型"失能轨迹的可能性大于从事较高社会地位的职业的老人；受教育程度显著影响城镇女性老人的轨迹类型归属，城镇女性文盲老人属于"身体健全型"和"低起点高龄期迅速发展型"失能轨迹的可能性大于城镇女性非文盲老人；职业与60岁时的就医状况显著影响乡村男性老人的轨迹类型归属，从事较低社会地位的职业的老人属于"身体健全型"和"低起点高龄期迅速发展型"失能轨迹的可能性大于从事较高社会地位的职业的老人。60岁时患病能及时就医的老年人属于"身体健全型"失能轨迹的可能性大于60岁时患病不能及时就医的老年人；左利手对于乡村女性老人的轨迹类型归属有显著影响，乡村女性左利手老人属于"身体健全型"和"低起点高龄期迅速发展型"失能轨迹的可能性小于乡村女性右利手老人。

本书发现，失能风险在具备一定受教育程度、从事较高社会地位的职业的老年人中出现了扩张，尤其在城镇老年人与乡村男性老年人中最为明显。随着城镇化进程的加快，越来越少的人从事农业生产活动，越来越多的人开始从事室内工作，缺乏锻炼成为现代人群的一大特征。同时，随着生活条件的改善，慢性病、肥胖等问题成为威胁人类健康的重要因素。培养健康的生活方式，降低慢性病、肥胖的患病率势在必行。另外，具备一定受教育程度、从事较高社会地位的职业的老年人得益于良好的经济与医疗条件，得以带残存活。而未接受过教育、职业地位较低的老人经济与医疗条件较差，具有较高的死亡风险，提升其经济与医疗条件、延长预期寿命是针对这部分老年人老龄工作的重中之重。

即将进入老年期时的就医状况对乡村男性老人今后的失能轨迹影响显著。60岁左右，人体机能开始下降，患各种急性病、慢性病的概率升高。如果在重要的时点得以及时就医，就会降低病情恶化的风险、减少后遗症的发生，从而在很大程度上降低失能的风险。反之，容易使病情恶化，面临失能较早、发展较快、较严重的困境。乡村男性老人一方面由于乡村医疗卫生条件较差面临就医的困难，另一方面由于男性特有的生理特征容易患中风、心脑血管疾病等严重的慢性病，因此就医条件对于乡村男性老人显得格外重要。

总体人群的回归模型显示，左利手对总体人群的轨迹类型归属有显著影响。但在分性别、城乡进行检验时，左利手只对乡村女性老人有显著影响。可能是因为本次调查乡村女性老年人相对居多，其他类型老年人样本量不足，所以未表现出明显的影响。不管怎样，左利手都可能对老年人的自理能力产生不利的影响，应加强对左利手的排查，减少先天或后天的左利手，同时增加对左利手老人健康状况的关注。

第6章

时间变动变量对失能轨迹发展形态的预测

时间恒定的变量可以影响轨迹的类型归属，但时间变动变量会影响轨迹的发展形态，即在不同的条件下，同一条失能轨迹可能出现升高或降低的情况。根据以往的研究，有无慢性病、有无孤独感、经济收入、婚姻状况、就医状况、超重或肥胖、营养不良、有无代际支持会显著影响老年人的自理能力，这些方面基本符合生物—心理—社会医学模式。

随着生活条件的改善，慢性病患病率逐渐升高，而医疗卫生条件的改善使大量慢性病患者存活下来，成为失能风险较高的群体。通常患慢性病的老年人身体器官功能退化较早，如关节炎可能对老年人洗澡、如厕等功能造成损伤，呼吸系统疾病发作时难以呼吸从而影响到自理能力，某些严重的疾病如心脑血管疾病、糖尿病如果发现或治疗不及时，就容易导致瘫痪或截肢，从而使老人丧失自理能力。因此慢性病可以说是可能引起失能或失能速度变化的一个比较重要的因素。

慢性病容易导致身体器官功能的衰退，对人体是一种日积月累的缓慢的危害，而急症重病可以使人的身体器官在短时间内受到重创，使人丧失自理能力。而患病及时就医能最大限度地降低慢性病与各种急症重病的损伤，是降低失能概率的重要手段。此外，老年期身体素质与之前相比开始下滑，能否重病及时就医决定了病症会好转还是恶化，将影响到今后整个老年期自理状况的变化。据此本书推测当下时点的重病就医对老年人今后的失能轨迹都会产生重要的影响，患病及时就医能够降低失能轨迹的走势。然而，由于退休等重大人生事件，老年人的经济收入、社会支持等都会受到影响，部分老年人可能没有条件做到患病及时就医，这对其健康状况将产生长远的影响。

老年人晚年的经济条件基本反映出其一生的经济地位，也与其受教育程度和医疗保健知识息息相关。良好的经济条件不仅是其晚年获得医疗照护资源的重要保障，也是其终身保健水平的反映。经济条件较好的老年人通常具有较高的医疗保健知识和医疗照护资源，这些都有益于维持其自理能力。而经济条件较差的老年人通常教育程度较低，缺乏养生保健知识，并且在获取医疗照护资源等方面存在一定的障碍，这些都可能间接地对其自理能力造成损伤。

老年人晚年接受的照料主要来源于其配偶。配偶在日常生活中提供的照料使老年人的生活更便利，同时，配偶在老年人的精神慰藉方面发挥着其他照料主体所难以比拟的作用，强化了老年人的心理健康建设。因此，本书推测有配偶对老年人的自理能力应该是一种正面的强化作用，而丧偶会对老年人的身心造成重大的打击，从而加剧失能的走势变高。

社会经济的发展和生活水平的提高使我国人群的营养状况有了大幅改善，超重和肥胖已成为威胁人群健康的重要因素。研究表明，一旦体质指数达到或超过 24 时，患脑卒中、心脏病、高血压、糖尿病等疾病的概率会明显增加，这对自理能力无疑是一种潜在的威胁。笔者用高于 24 的体质指数代表超重或肥胖状态，处于指数 18.5~24 代表体重正常状态，研究体质指数偏高是否会对老年人的失能轨迹造成影响。按照常理，本书假设体质指数偏高会加剧失能轨迹的走势变高。

与超重与肥胖相反，营养不良并未引起人们的足够重视。但大量研究表明，营养不良会对机体造成持续性的损害，使身体器官功能下降，引起相关疾病的发病率及死亡率增加，严重影响老年人群的身体健康和生活质量（Bartali 等，2006）。营养不良最简单的判别方法是体质指数，本书参照以往的研究，将体质指数低于 18.5 作为营养不良的评价标准（王卓群，2014）。同样假设营养不良会加剧失能轨迹的发展走势变高。

以往研究表明，良好的代际支持会纾解老人经济以及心理上的压力，有助于维护老年人的自理能力。代际支持主要包括经济支持、生活照料、精神慰藉三个层面，本书主要研究子女的经济支持与精神慰藉对老年人失能轨迹的影响。在日常照料方面，很多老年人主要依赖配偶或其他亲属，而不局限于子女、孙子女，这些家庭照料资源同样起到了良好的效果。因此本书将日常照料分为有家人照料与无家人照料两种，来分析由家人照料与不由家人照料（社会资源、无人照料）对老年人的失能轨迹造成何种影响。通常来说，子女给老年人的经济支持、精神慰藉以及家人的生活照料使老年人享有更多更富裕的经济资源、精神资源、照料资源，可能会对老年人的健康状况有益。另外，代际间的经济支持不仅包括子女给老年人的经济支持，也包括老年人给子女的经济支持。给子女经济支持意味着将老年人有限的资源转移到子女处，可能会使老年人的生活资源变得紧张。同时，需要接受老人经济支持的子女很可能面临现代生活的压力从而经济状况比较窘迫，这可能对老年人的心理造成无形的压力，因此本书推测给子女经济支持不利于老年人维持自理能力。

以往研究表明良好的心理状况对于纾解日常生活压力，提高生活满意度大有裨益。由于子女外出务工、丧偶、退休、自我效能感降低等情况的出现，大量老人成为空巢老人或独居老人。同时，由于老年人接受新事物的能力较弱，即使与子女住在一起，也可能由于思想观念等方面的差异出现代沟，更有甚者可能会出现受歧视、受虐待的情况。因此，孤独感成为老年生活阶段最易出现的不良情绪。孤独感的产生容易催生抑郁、情绪低落、焦虑等更多的不良情绪，直接损害老年人的心理健康，并最终对其身体健康造成损伤。根据以往的研究，笔者提出如下假设：有慢性病会加速失能轨迹的发展走势；超重和营养不良会加速失能轨迹的发展走势；较差的经济状况会加速失能轨迹的发展走势；丧偶会加速失能轨迹的发展走势；重病后及时就医会减缓失能轨迹的发展走势；子女给老年人的经济支持与精神慰藉、家人的日常照料会减缓失能轨迹的发展走势；而老年人给子女的经济支持会加速失能轨迹的发展走势；孤独感会加速老年人失能轨迹的走势。根据上述假设，本书依次将这些方面对失能轨迹的发展形态的影响进行预测。

6.1 慢性病状况与失能轨迹发展形态

由于 80 岁是进入高龄期的一个标志性时点，同时为了更清晰地看出某一时点突然转换生活状态对失能轨迹走势的影响，因此笔者分别绘出 65 岁后无慢性病、65 岁后有慢性病、65~80 岁无慢性病但 80 岁后有慢性病的情况下老年人的失能轨迹（见图19、图 20、图 21），以此比较整个老年期都没有慢性病、整个老年期都伴随慢性病、80 岁之后的高龄期开始出现慢性病对失能轨迹走势的影响。

笔者发现三种情况下老年人的失能轨迹都可以分为三种类型：类型 1 的老人的失能水平一直很低，大多数老人直到年龄很大时仍未出现失能。因此，将该类型定义为"身体健全型"。类型 2 的老人的失能水平开始比较低，进入高龄之后迅速上升。因此，将该类型定义为"低起点高龄期迅速发展型"。类型 3 的老人的失能水平开始时就相对偏高，并且一直处在迅速的发展过程中。因此，将该类型定义为"较高起点迅速发展型"。

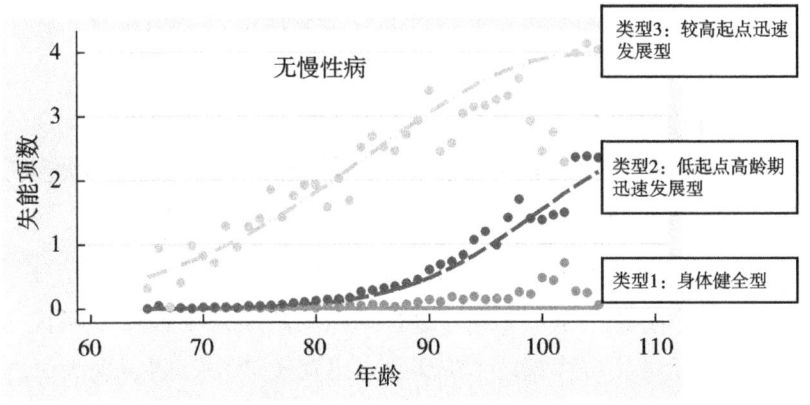

图 19　65 岁后无慢性病的状态下老年人的失能轨迹

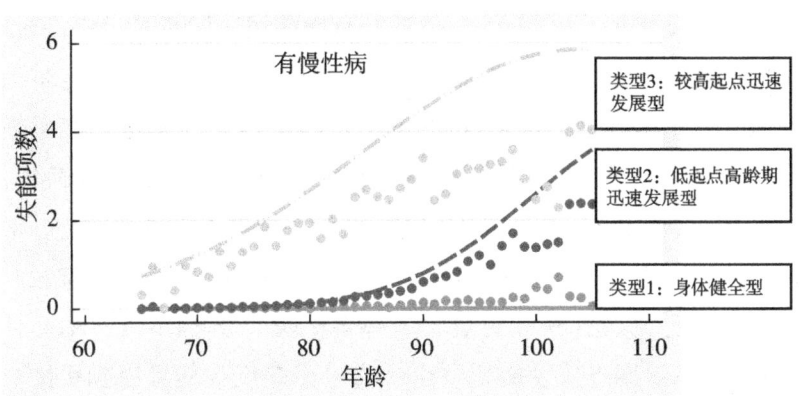

图 20　65 岁后有慢性病的状态下老年人的失能轨迹

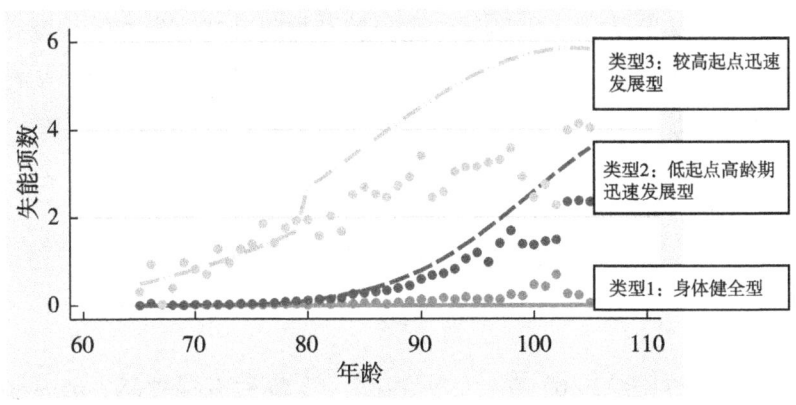

图 21　65～80 岁无慢性病但 80 岁后有慢性病的状态下老年人的失能轨迹

三种情况下老年人失能轨迹的走势有所区别。笔者发现各个年龄段有无慢性病对"身体健全型"的老人影响不大,这部分老人本身身体素质较好,慢性病对其健康状况的影响较小。而与65岁后都没有慢性病这种情况相比,"低起点高龄期迅速发展型"和"较高起点迅速发展型"在65岁后有慢性病的情况下失能轨迹出现了明显的攀升。表现在失能轨迹的坡度变陡,增速加快。"低起点高龄期迅速发展型"由直到超高龄还处于轻度失能转化为超高龄阶段中度失能。"较高起点迅速发展型"则表现为失能的起点由0.5项升高到1项,且失能的增速变快,进入中度与重度失能的时间点都提前,失能后期由一直处于中轻度失能变为90岁之后重度失能。而与65岁后都没有慢性病这种情况相比,"低起点高龄期迅速发展型"和"较高起点迅速发展型"在80岁后有慢性病的情况下失能轨迹的变化也比较明显。"低起点高龄期迅速发展型"在80岁后的增速加快,较早进入中度失能阶段。"较高起点迅速发展型"在80岁产生了一个剧烈上升的拐点,80岁之后的失能轨迹被整体抬升了,且之后一直处于加速发展阶段。

由此可见,有慢性病对"身体健全型"影响不大,却会使"低起点高龄期迅速发展型"由一直处于轻度失能发展到中度失能,使"较高起点迅速发展型"失能轨迹起点提高,由一直处于轻中度失能发展到重度失能。一旦有严重的慢性病,非"身体健全型"的老年人的失能轨迹的走势就会加速升高,失能的程度变得更为严重。减缓慢性病的发生发展可以推迟失能的发生,延缓失能的走势。

6.2 孤独感与失能轨迹发展形态

笔者分别绘出65岁后无孤独感、65岁后有孤独感、65~80岁无孤独感但80岁后有孤独感的情况下老年人的失能轨迹(见

图 22、图 23、图 24），以此比较整个老年期都没有孤独感、整个老年期都有孤独感、80 岁之后的高龄期开始产生孤独感对失能轨迹走势的影响。

笔者发现三种情况下老年人的失能轨迹都可以分为三种类型：类型 1 的老人的失能水平一直很低，大多数老人直到年龄很大时仍未出现失能。因此，将该类型定义为"身体健全型"。类型 2 的老人的失能水平开始比较低，进入高龄之后迅速上升。因此，将该类型定义为"低起点高龄期迅速发展型"。类型 3 的老人的失能水平开始时就相对偏高，并且一直处在较快的发展过程中。因此，将该类型定义为"较高起点迅速发展型"。

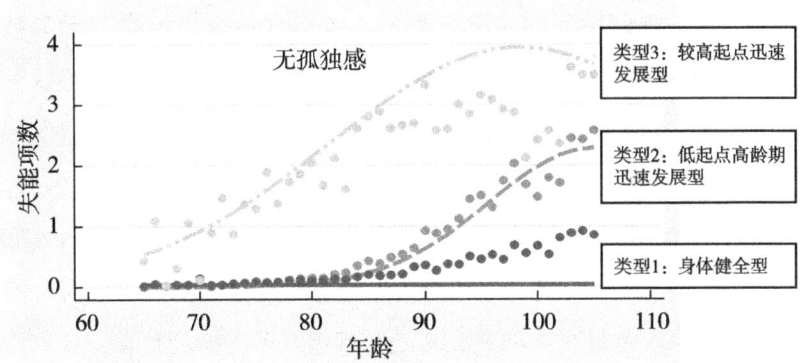

图 22　65 岁后无孤独感的状态下老年人的失能轨迹

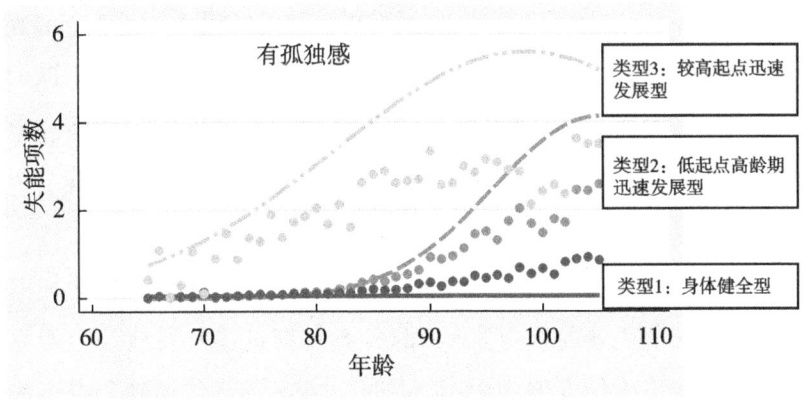

图 23　65 岁后有孤独感的状态下老年人的失能轨迹

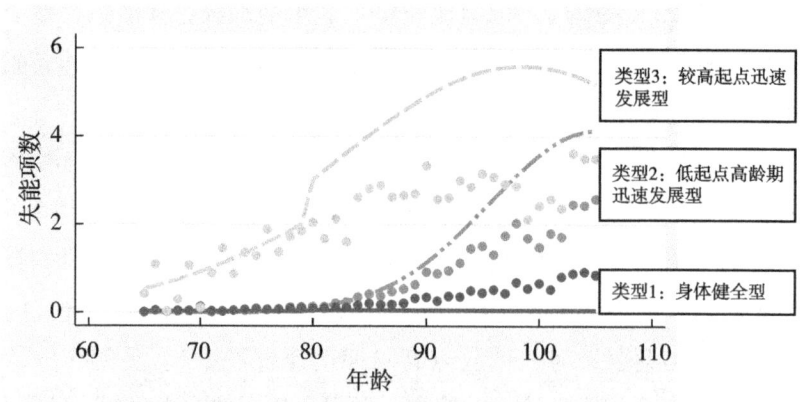

图 24　65～80 岁无孤独感但 80 岁后有孤独感的状态下老年人的失能轨迹

对比三种情况下的轨迹走势，笔者发现各个年龄段有无孤独感对"身体健全型"的老人影响不大。而与 65 岁后无孤独感这种情况相比，"低起点高龄期迅速发展型"和"较高起点迅速发展型"在 65 岁后有孤独感的情况下失能轨迹出现了明显的攀升。"低起点高龄期迅速发展型"的发展速度变快，由最高 2.5 项失能转变为 4 项失能的状态。"较高起点迅速发展型"同样表现为失能的增速变快，由最高 4 项失能转变为接近 6 项失能的状态，且失能的起点由 0.5 项失能转变为 1 项失能。而与 65 岁后无孤独感这种情况相比，"低起点高龄期迅速发展型"和"较高起点迅速发展型"在 65～80 岁无孤独感 80 岁后有孤独感的情况下失能轨迹的变化也比较明显。"低起点高龄期迅速发展型"在 80 岁后的增速加快，由最高到达 2.5 项失能转变为到达 4 项失能的状态。"较高起点迅速发展型"的增速也明显加快，轨迹在 80 岁的时点出现一个明显的拐点，并由最高 4 项失能变为接近 6 项失能的状态。

由此可见，有孤独感对"身体健全型"影响不大，但会加速另外两种失能轨迹的走势。"低起点高龄期迅速发展型"由百岁之前处于轻度失能发展到 94 岁时进入中度失能，"较高起点迅速发展型"失能轨迹起点提高，由一直处于轻中度失能发展到 84

岁时进入重度失能阶段。也就是说，与没有孤独感的老年人相比，有孤独感的非"身体健全型"的老年人的失能轨迹的走势更快，失能的程度更严重。消除或减轻老年人的孤独感对于延缓老年人失能的走势、降低失能的严重程度有着重要意义。

6.3 现在患病及时就医与失能轨迹发展形态

笔者分别绘出 65 岁后患病能及时就医、65 岁后患病不能及时就医、65~80 岁能及时就医但 80 岁后患病不能及时就医的情况下老年人的失能轨迹（见图 25、图 26、图 27），以方便比较。

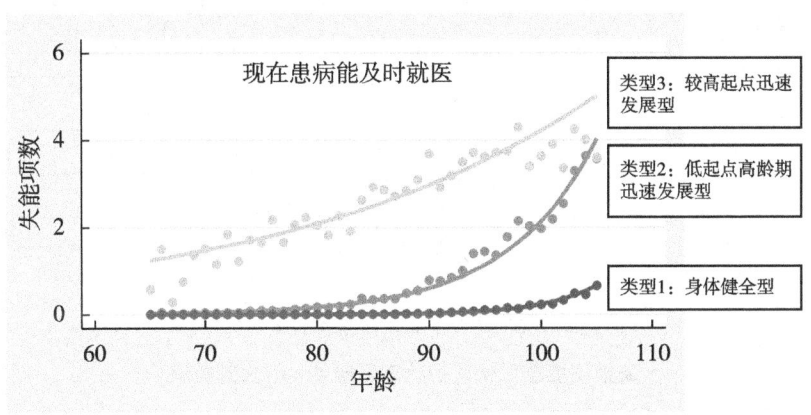

图 25　65 岁后患病能及时就医的状态下老年人的失能轨迹

每种情况下老年人的失能轨迹都可以分为三种类型：类型 1 的老人的失能水平一直很低，大多数老人直到年龄很大时仍未出现失能。因此，将该类型定义为"身体健全型"。类型 2 的老人的失能水平开始比较低，进入高龄之后迅速上升。因此，将该类型定义为"低起点高龄期迅速发展型"。类型 3 的老人的失能水平开始时就相对偏高，并且一直处在较快的发展过程中。因此，

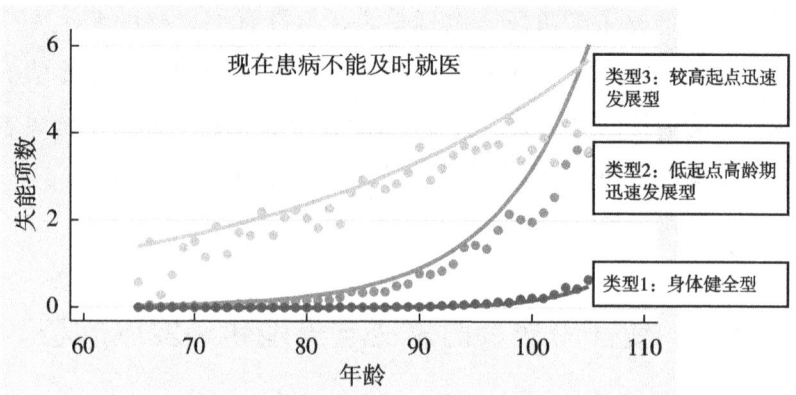

图 26　65 岁后患病不能及时就医的状态下老年人的失能轨迹

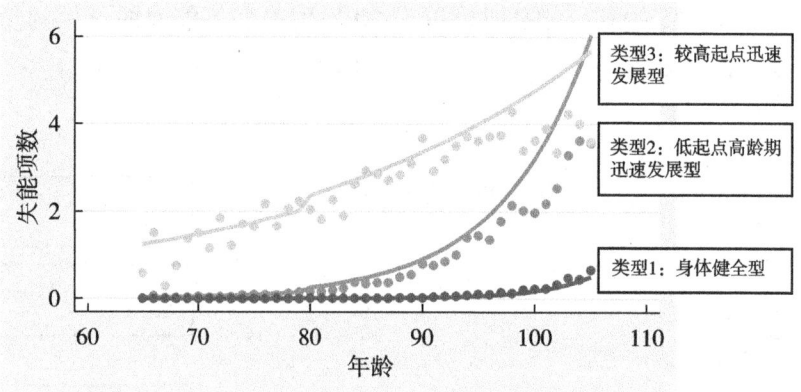

图 27　65～80 岁能及时就医但 80 岁后
患病不能及时就医的状态下老年人的失能轨迹

将该类型定义为"较高起点迅速发展型"。

不同情况下老年人失能轨迹的走势不一。笔者发现各个年龄段重病能否及时就医对"身体健全型"的老人影响不大,这部分老人本身身体素质较好,笔者其推测患重病的概率也较小,即使患重病,康复的可能性也比另外两种类型的老年人高。而与 65 岁后患病能及时就医这种情况相比,"低起点高龄期迅速发展型"和"较高起点迅速发展型"在 65 岁后患病不能及时就医的情况下失能轨迹出现了明显的攀升,表现在失能轨迹的坡度变陡,增速加快。"低起点高龄期迅速发展型"由百岁之后才开始中度失能转变为到 96 岁时进入中度失能，百岁时进入重度失能阶段，并与"较高起点迅速发展型"产生了交点。"较高起点迅速发展型"则由 80 岁时开始中度失能、97 岁开始重度失能转变为 76 岁时进入中度失能、94 岁时进入重度失能阶段。而与 65 岁后患病能及时就医这种情况相比，"低起点高龄期迅速发展型"和"较高起点迅速发展型"在 65～80 岁能及时就医 80 岁后不能及时就医的情况下失能轨迹的变化也比较明显。"低起点高龄期迅速发展型"在 80 岁后的增速加快，由直到超高龄还处于中度失能转化为超高龄阶段重度失能，"较高起点迅速发展型"在 80 岁产生了一个明显上升的拐点，80 岁之后的失能轨迹被整体抬升了，且之后一直处于加速发展阶段。

由此可见，老年期重病及时就医对"身体健全型"影响不大，对另外两种非"身体健全型"有着至关重要的影响。若重病不能及时就医，"低起点高龄期迅速发展型""较高起点迅速发展型"失能轨迹的增速将变快，进入中度与重度失能的时间点都将提前。若重病能够及时就医，则可以推迟失能的发生，延缓失能的走势提升。

6.4 经济状况与失能轨迹发展形态

笔者分别绘出 65 岁后经济状况较好、65 岁后经济状况较差、65～80 岁经济状况较好但 80 岁后经济状况较差的情况下老年人的失能轨迹（见图 28、图 29、图 30），以此比较整个老年期经济状况都较好、整个老年期经济状况都较差、80 岁之后的高龄期经济状况突然变差对失能轨迹走势的影响。

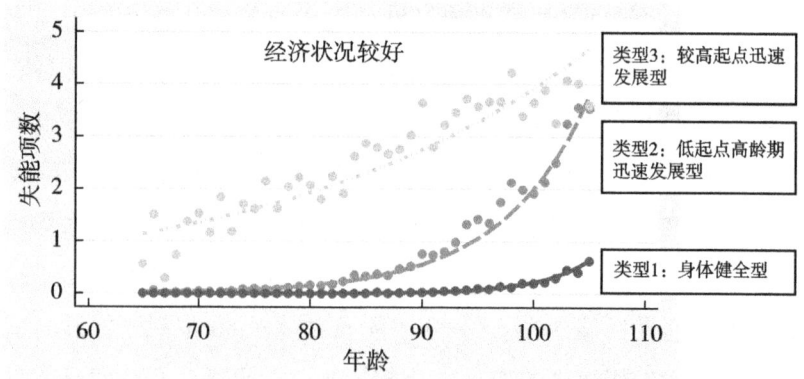

图28 65岁后经济状况较好的状态下老年人的失能轨迹

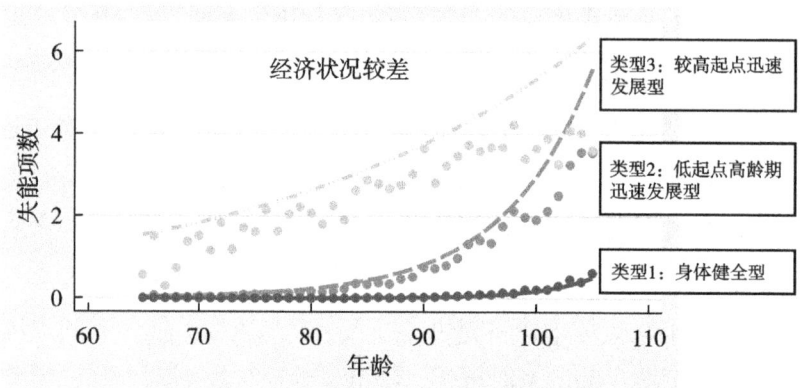

图29 65岁后经济状况较差的状态下老年人的失能轨迹

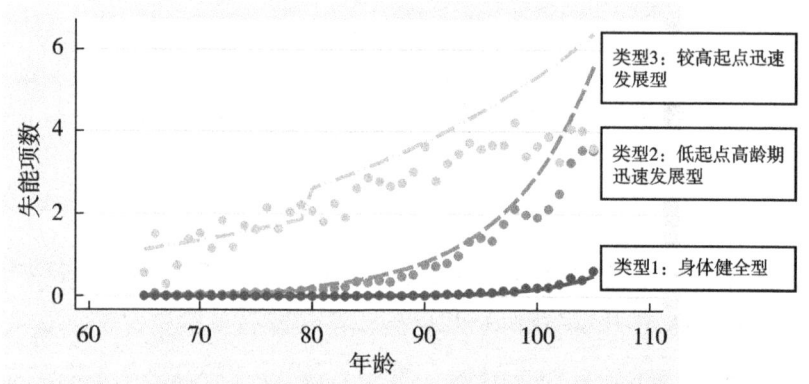

图30 65~80岁经济状况较好但80岁后经济状况较差的状态下老年人的失能轨迹

笔者发现三种情况下老年人的失能轨迹都可以分为三种类型：类型1的老人的失能水平一直很低，大多数老人直到年龄很大时仍未出现失能。因此，将该类型定义为"身体健全型"。类型2的老人的失能水平开始比较低，进入高龄之后迅速上升。因此，将该类型定义为"低起点高龄期迅速发展型"。类型3的老人的失能水平开始时就相对偏高，并且一直处在迅速的发展过程中。因此，将该类型定义为"较高起点迅速发展型"。

三种情况下老年人失能轨迹的走势也不一。笔者发现各个年龄段经济状况如何对"身体健全型"的老人影响不大，这部分老人已经经历了健康的选择作用，本身身体素质较好，对各类资源的需求也较小。而与65岁后经济状况一直较好这种情况相比，"低起点高龄期迅速发展型"和"较高起点迅速发展型"在65岁后经济状况较差的情况下失能轨迹出现了明显的攀升。表现在失能轨迹的坡度变陡，增速加快。"低起点高龄期迅速发展型"由100岁时才进入中度失能并稳定在中度失能程度转变为97岁进入中度失能并迅速发展到重度失能阶段。"较高起点迅速发展型"则表现为失能的起点由一项失能变为将近两项失能，同时失能的增速变快，由80岁后进入中度失能、100岁后进入重度失能转变为72岁后进入中度失能、92岁后进入重度失能阶段。而与65岁后经济状况较好这种情况相比，"低起点高龄期迅速发展型"和"较高起点迅速发展型"在65~80岁经济状况较好80岁后经济状况较差的情况下失能轨迹的变化也比较明显。"低起点高龄期迅速发展型"在80岁后的增速加快，"较高起点迅速发展型"在80岁产生了一个剧烈上升的拐点，80岁之后的失能轨迹被整体抬升了，且之后一直处于加速发展阶段。

由此可见，经济状况对"身体健全型"影响不大，对另外两种非"身体健全型"影响很大。"低起点高龄期迅速发展型"由直到超高龄还处于中度失能转化为超高龄阶段重度失能，"较高起点迅速发展型"进入中度与重度失能的时间点都提前。也就是说，在良好的经济状况下，老年人可以通过获得足够的医疗保健、社会照料资源，从而推迟失能的发生，延缓失能的走势。反之，失能开始的时间点将提前，走势将明显加快，程度将更为严重。

6.5 婚姻状况与失能轨迹发展形态

配偶是老年人获得照料和帮助的主要提供者，而对于丧偶的失能老年人而言，这一天然的首要照料来源的缺失将在很大程度上降低其获得的照料的数量和质量。笔者分别绘出65岁后有配偶、65岁后无配偶、65~80岁有配偶但80岁后无配偶的情况下老年人的失能轨迹（见图31、图32、图33），以此比较整个老年期都有配偶、整个老年期都无配偶、80岁的高龄期突然失去配偶对失能轨迹走势的影响。由于老年期离婚的可能性很小，因此老年期失去配偶主要原因是丧偶。

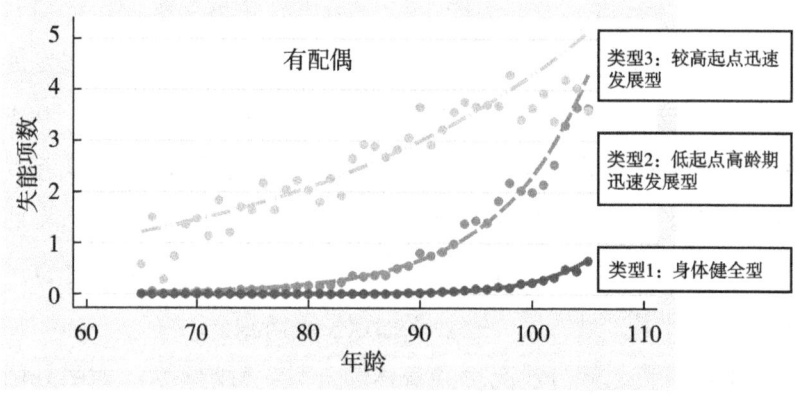

图31 65岁后有配偶的状态下老年人的失能轨迹

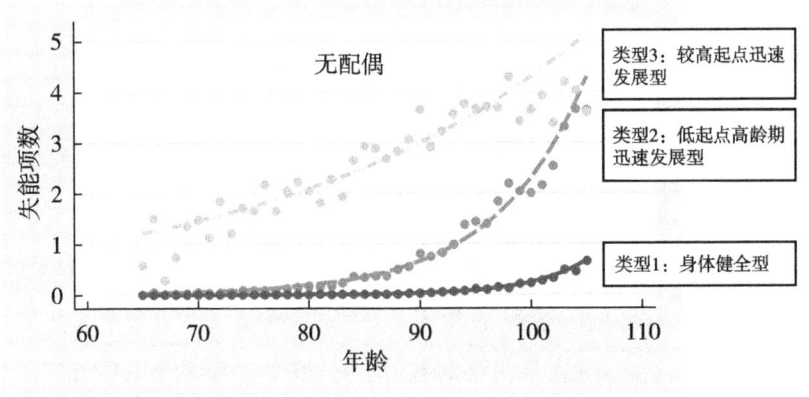

图 32　65 岁后无配偶的状态下老年人的失能轨迹

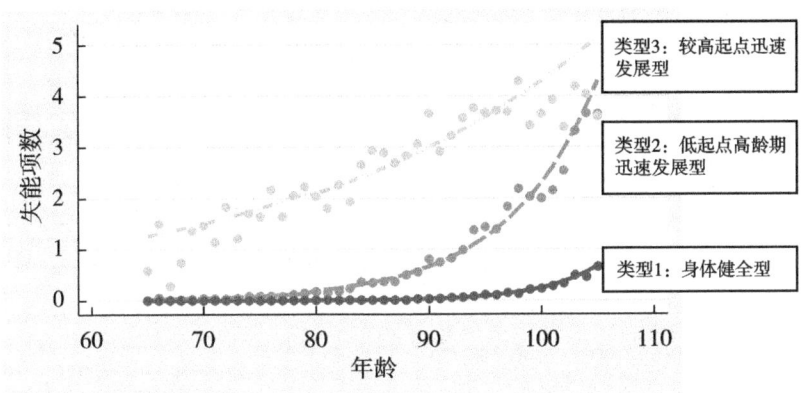

图 33　65～80 岁有配偶但 80 岁后无配偶的状态下老年人的失能轨迹

笔者发现三种情况下老年人的失能轨迹都可以分为三种类型:"身体健全型""低起点高龄期迅速发展型""较高起点迅速发展型"。而各个年龄段有无配偶对上述三种类型老年人的失能轨迹影响不大,轨迹发展走势与起点、终点并未表现出明显的差异。说明有无配偶对老年人的失能轨迹的走势影响不大,丧偶只是某时期内短时的冲击事件,未对老年人长久的自理状况造成明显的影响,没有验证本书的假设。

6.6 超重与失能轨迹发展形态

笔者分别绘出65岁后未超重、65岁后超重、65~80岁未超重但80岁后超重的情况下老年人的失能轨迹（见图34、图35、图36），以此比较整个老年期都超重、整个老年期都不超重、进入80岁的高龄期后开始超重对失能轨迹走势的影响。

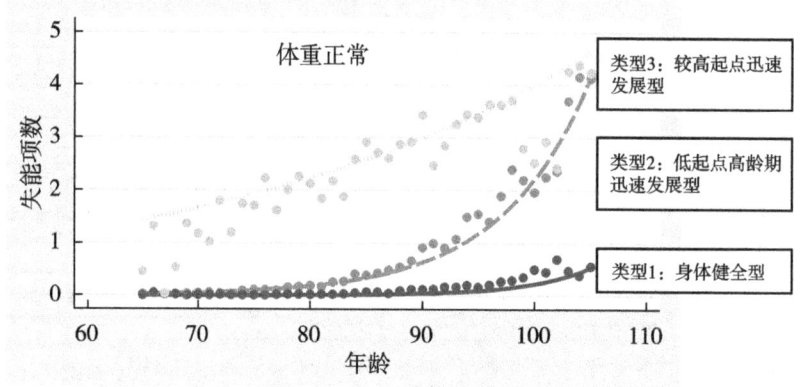

图34　65岁后体重正常的状态下老年人的失能轨迹

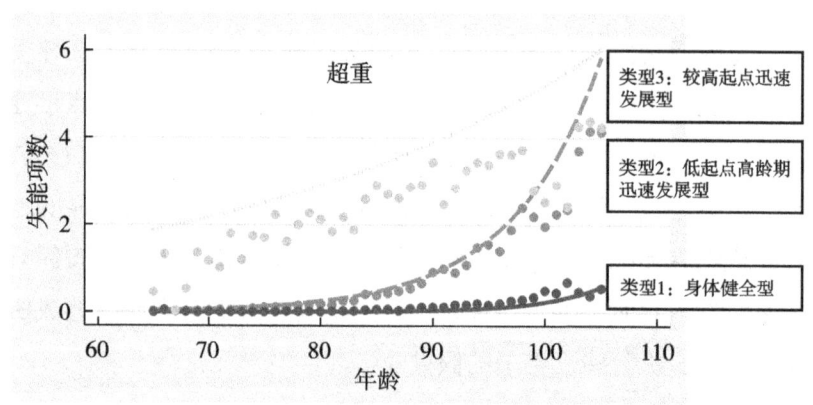

图35　65岁后超重的状态下老年人的失能轨迹

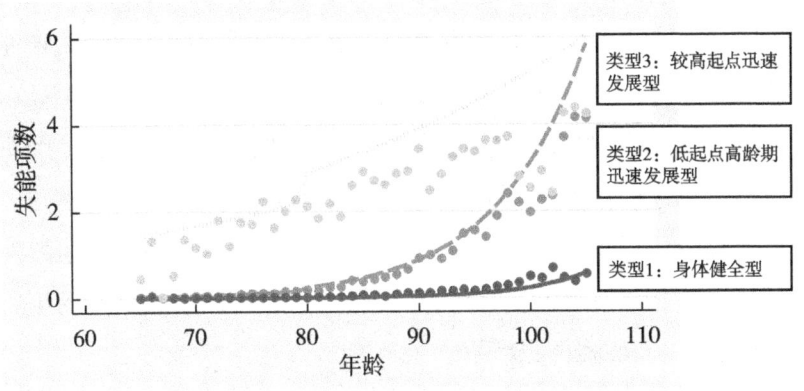

图36 65~80岁未超重但80岁后超重的状态下老年人的失能轨迹

笔者发现三种情况下老年人的失能轨迹都可以分为三种类型：类型1的老人的失能水平一直很低，大多数老人直到年龄很大时仍未出现失能。因此，将该类型定义为"身体健全型"。类型2的老人的失能水平开始比较低，进入高龄之后迅速上升。因此，将该类型定义为"低起点高龄期迅速发展型"。类型3的老人的失能水平开始时就相对偏高，并且一直处在较快的发展过程中。因此，将该类型定义为"较高起点迅速发展型"。

对比三种情况下的轨迹走势，笔者发现各个年龄段是否超重对身体健全型的老人影响不大。而与65岁后都未超重这种情况相比，"低起点高龄期迅速发展型"和"较高起点迅速发展型"在65岁后超重的情况下失能轨迹出现了明显的攀升。"低起点高龄期迅速发展型"老年人失能的增速变快，由99岁进入中度失能阶段并保持在最高4项失能转变为96岁进入中度失能阶段并迅速发展至高达6项失能的状态。"较高起点迅速发展型"则表现为由起点在1.5项失能，76岁进入中度失能阶段，接近百岁时进入5项以下的重度失能阶段转变为65岁时就已出现2项失能，90岁时进入重度失能阶段并发展到高达6项失能的状态。而与65岁后都未超重这种情况相比，"低起点高龄期迅速发展型"和"较高起点迅速发展型"在 65~80 岁未超重 80 岁后超重的情况下失能轨迹的变化也比较明显。"低起点高龄期迅速发展型"在 80 岁后的增速加快,由最高 4 项失能转变为最高达到 6 项失能的状态。"较高起点迅速发展型"的增速也明显加快,80 岁时失能轨迹有了一个明显提升的走势,由最高只达到 5 项失能变为达到 6 项失能的状态。

由此可见,超重对"身体健全型"影响不大,但会加速另外两种失能轨迹的走势。与体重正常的老年人相比,超重的老年人失能更早、失能程度更严重。

6.7 营养不良与失能轨迹发展形态

笔者分别绘出 65 岁后体重正常、65 岁后体重过低、65~80 岁体重正常但 80 岁后体重过低的情况下老年人的失能轨迹(见图 37、图 38、图 39),以此比较整个老年期都未营养不良、整个老年期都营养不良、从 80 岁的高龄期开始营养不良对失能轨迹走势的影响。

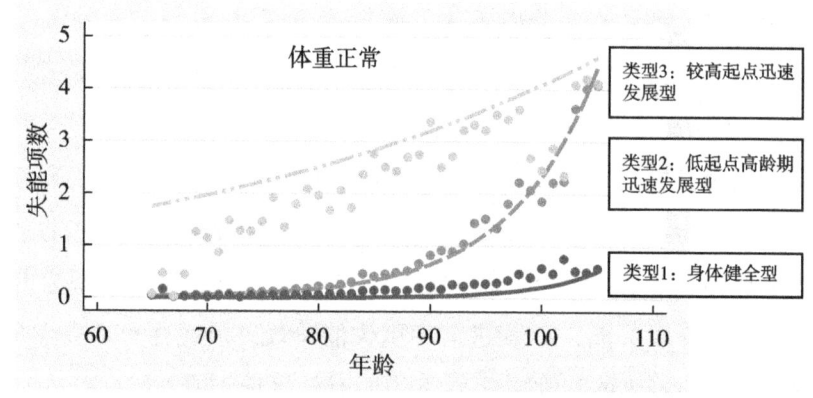

图 37　65 岁后体重正常的状态下老年人的失能轨迹

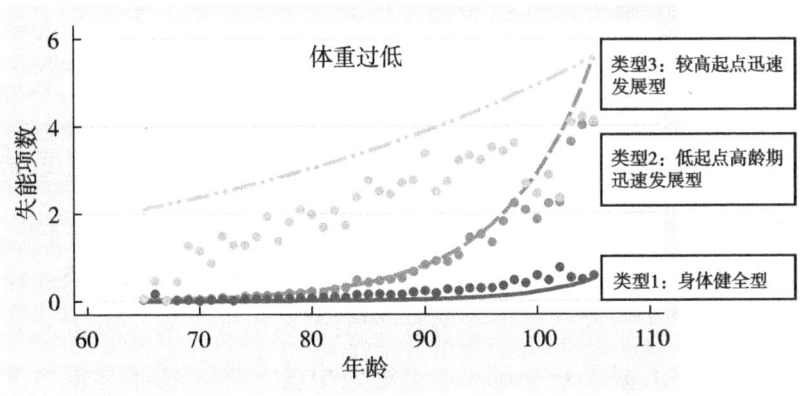

图 38 65 岁后体重过低的状态下老年人的失能轨迹

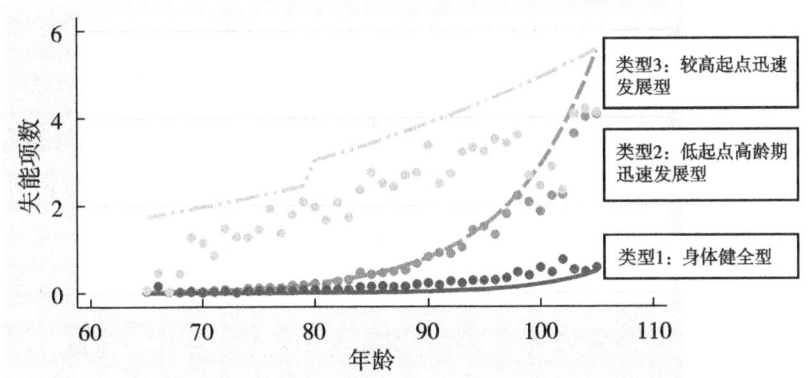

图 39 65~80 岁体重正常但 80 岁后体重过低的状态下老年人的失能轨迹

笔者发现三种情况下老年人的失能轨迹都可以分为三种类型：类型 1 的老人的失能水平一直很低，大多数人直到年龄很大时仍未出现失能。因此，将该类型定义为"身体健全型"。类型 2 的老人的失能水平开始比较低，进入高龄之后迅速上升。因此，将该类型定义为"低起点高龄期迅速发展型"。类型 3 的老人的失能水平开始时就相对偏高，并且一直较快增长。因此，将该类型定义为"较高起点迅速发展型"。

对比三种情况下的轨迹走势，笔者发现各个年龄段是否体重过低对"身体健全型"的老人影响不大。而与 65 岁后都体重正常这种情况相比,"低起点高龄期迅速发展型"和"较高起点迅速发展型"在65岁后体重过低的情况下失能轨迹出现了明显的攀升。"低起点高龄期迅速发展型"由99岁时中度失能并保持在最高4项失能的状态转变为97岁时中度失能、102岁时重度失能的状态。"较高起点迅速发展型"则表现为失能的起点略微升高、增速变快,由70岁时开始中度失能、98岁时开始重度失能并保持在最高接近5项失能转变为65岁时开始中度失能、90岁时开始重度失能并发展到接近6项失能的状态。而与65岁后都体重正常这种情况相比,"低起点高龄期迅速发展型"和"较高起点迅速发展型"在65~80岁体重正常80岁后体重过低的情况下失能轨迹的变化也比较明显。"低起点高龄期迅速发展型"在80岁后的增速加快,由最高4项失能转变为接近6项失能的状态。"较高起点迅速发展型"的增速也明显加快,轨迹在80岁的时点出现一个明显上升的坡度,并由最高接近5项失能变为接近6项失能的状态。

由此可见,体重过低对"身体健全型"影响不大,但会加速另外两种失能轨迹的走势。与体重正常的老年人相比,体重过低的老年人失能更早、失能程度更严重。

6.8 精神慰藉状况与失能轨迹发展形态

笔者分别绘出65岁后有精神慰藉、65岁后无精神慰藉、65~80岁有精神慰藉但80岁后无精神慰藉的情况下老年人的失能轨迹(见图40、图41、图42),以此比较整个老年期都有子女的精神慰藉、整个老年期都无子女的精神慰藉、80岁之后的高龄期突然失去子女的精神慰藉对失能轨迹走势的影响。

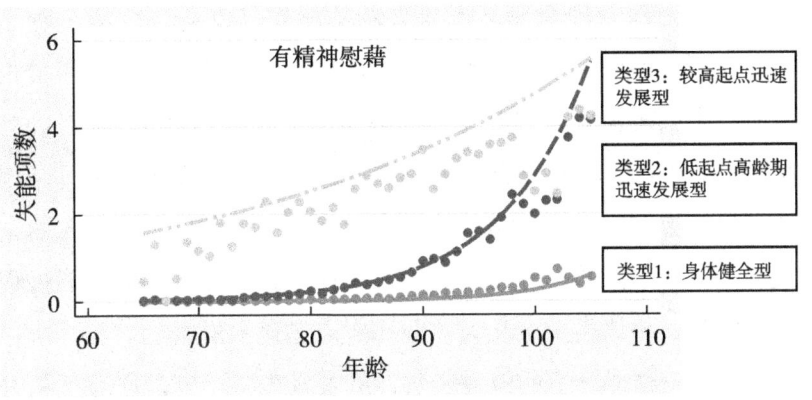

图40　65岁后有精神慰藉的状态下老年人的失能轨迹

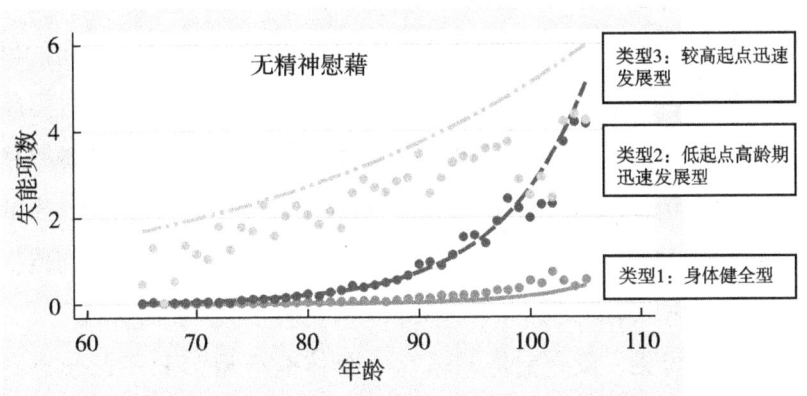

图41　65岁后无精神慰藉的状态下老年人的失能轨迹

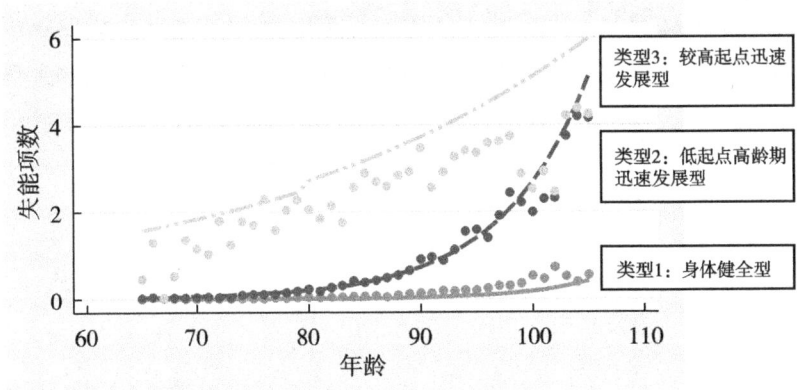

图42　65~80岁有精神慰藉但80岁后无精神慰藉的状态下老年人的失能轨迹

笔者发现三种情况下老年人的失能轨迹都可以分为三种类型：类型1的老人的失能水平一直很低，大多数老人直到年龄很大时仍未出现失能。因此，将该类型定义为"身体健全型"。类型2的老人的失能水平开始比较低，进入高龄之后迅速上升。因此，将该类型定义为"低起点高龄期迅速发展型"。类型3的老人的失能水平开始时就相对偏高，并且一直处在较快的发展过程中。因此，将该类型定义为"较高起点迅速发展型"。

对比三种情况下的轨迹走势，笔者发现各个年龄段有无精神慰藉对"身体健全型"和"低起点高龄期迅速发展型"的老人影响不大。而与65岁后有精神慰藉这种情况相比，"较高起点迅速发展型"在65岁后无精神慰藉的情况下失能轨迹出现了轻微的攀升，进入中重度失能的时间点略微提前。而与65岁后有精神慰藉这种情况相比，"较高起点迅速发展型"在65~80岁有精神慰藉80岁后无精神慰藉的情况下失能轨迹也有所变化，表现在80岁的时间点上轨迹有一个轻微提升的走势，进入重度失能的时间点提前，并且由最高只达到5.5项失能变为达到6项失能的状态。

由此可见，没有精神慰藉对"身体健全型"和"低起点高龄期迅速发展型"影响不大，但会加速"较高起点迅速发展型"失能轨迹的走势。与有精神慰藉的人相比，无精神慰藉的"较高起点迅速发展型"的老年人失能更严重。对"较高起点迅速发展型"的老人来说，子女为其提供精神慰藉可以降低其失能的发展速度。

6.9 代际间的经济支持与失能轨迹发展形态

笔者分别绘出65岁后无子女经济支持、65岁后有子女经济支持、65~80岁无子女经济支持但80岁后有子女经济支持的情况下老年人的失能轨迹（见图43、图44、图45），以此比较整个老年期都无子女经济支持、整个老年期都有子女经济支持、80岁后进入高龄期时有子女经济支持对失能轨迹走势的影响。

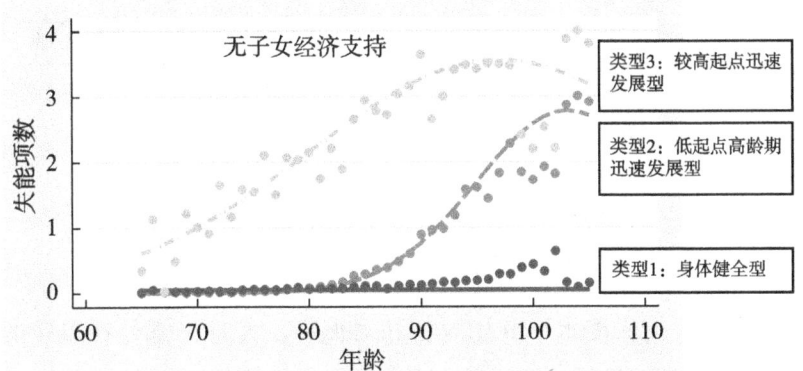

图43　65岁后无子女经济支持的状态下老年人的失能轨迹

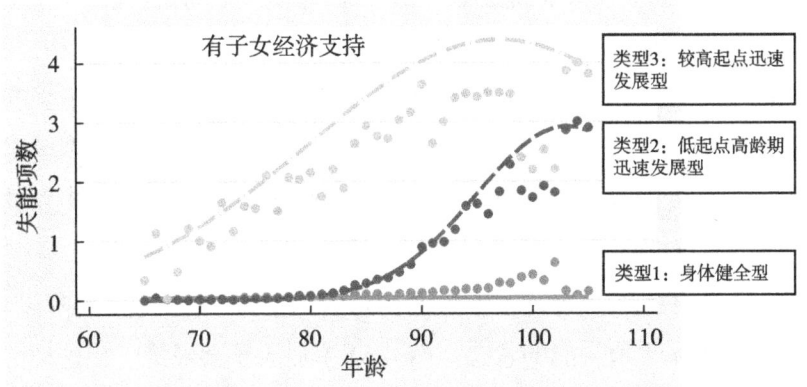

图44　65岁后有子女经济支持的状态下老年人的失能轨迹

笔者发现三种情况下老年人的失能轨迹都可以分为三种类型：类型1的老年人的失能水平一直很低，大多数老年人直到年龄很大时仍未出现失能。因此，将该类型定义为"身体健全型"。类型2的老年人的失能水平开始比较低，进入高龄之后迅速上升。因此，将该类型定义为"低起点高龄期迅速发展型"。类型

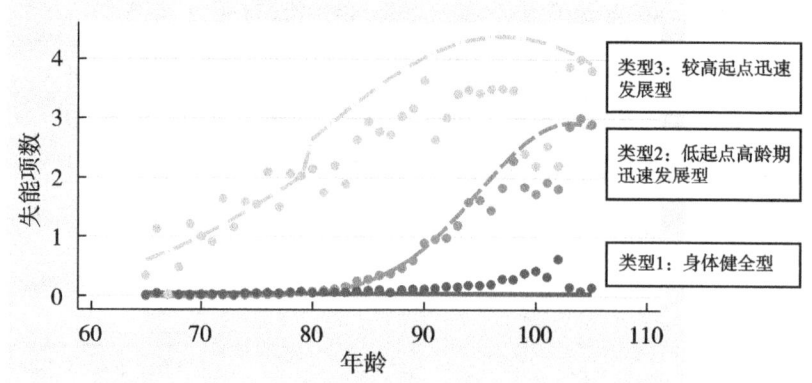

**图 45　65～80 岁无子女经济支持但 80 岁后
有子女经济支持的状态下老年人的失能轨迹**

3 的老年人的失能水平开始时就相对偏高，并且一直处在迅速的发展过程中。因此，将该类型定义为"较高起点迅速发展型"。

对比三种情况下的轨迹走势，笔者发现各个年龄段有无子女的经济支持对"身体健全型"和"低起点高龄期迅速发展型"的老年人影响不大。与 65 岁后都无子女经济支持这种情况相比，"较高起点迅速发展型"在 65 岁后有子女经济支持的情况下失能轨迹出现了一定程度的攀升，不仅表现在失能的起点、终点提高，并且失能的发展速度加快。由 65 岁时 0.6 项失能、79 岁进入中度失能阶段、最高只达到 3.5 项失能的状态转变为 65 岁时 0.8 项失能、76 岁进入中度失能阶段、90 岁进入重度失能阶段、最高达到 4.5 项失能的状态。而与 65 岁后无子女经济支持这种情况相比，"较高起点迅速发展型"在 65～80 岁无子女经济支持但 80 岁后有子女经济支持的情况下失能轨迹也有所变化，表现在 80 岁的时间点上轨迹有一个明显提升的走势，之后一直加速发展。

由此可见，子女的经济支持对"身体健全型"和"低起点高龄期迅速发展型"影响不大，有子女经济支持的"较高起点迅速发展型"的老年人失能发展更快、程度更严重。

通常来说，老年人的经济来源主要是劳动收入、退休金、子女支持，晚年退休金较多或具备劳动能力的老年人可能不需要子女的经济支持，而需要子女支持的老年人可能是既无退休金又丧失劳动能力，且年轻时经济地位也不高的老年人。因此有子女经济支持的老年人可能由于终身较低的经济地位而在获取医疗照护资源方面存在障碍以致自理能力较差，从而需要子女的经济支持。从这个层面上说，需要被提供经济支持是自理能力较差的结果而非造成自理变差的原因。而自理能力最差的轨迹类型3的老年人是最易受经济状况影响的一类，因此自理能力最易受到损伤。

笔者分别绘出65岁后不给子女经济支持、65岁后给子女经济支持、65~80岁不给子女经济支持但80岁后给子女经济支持的情况下老年人的失能轨迹（见图46、图47、图48），以此比较整个老年期都不给子女经济支持、整个老年期都给子女经济支持、80岁进入高龄期时开始给子女经济支持对失能轨迹走势的影响。

笔者发现三种情况下老年人的失能轨迹都可以分为三种类型："身体健全型""低起点高龄期迅速发展型""较高起点平稳发展型"。

对比三种情况下的轨迹走势，笔者发现各个年龄段是否给子女经济支持对三种类型的老人影响均不大，说明给子女经济支持并不影响老年人的失能轨迹。

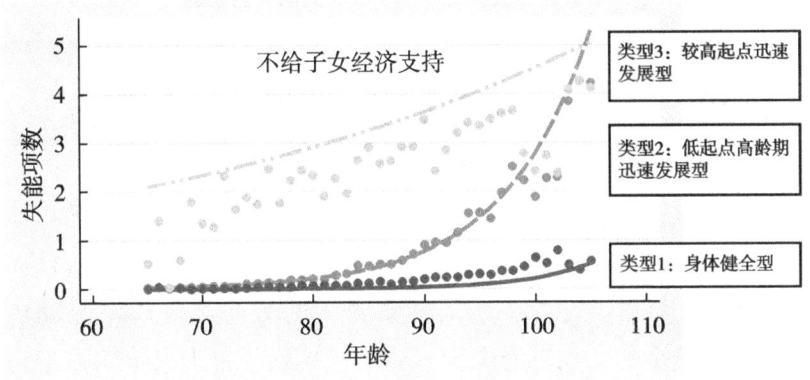

图46　65岁后不给子女经济支持的状态下老年人的失能轨迹

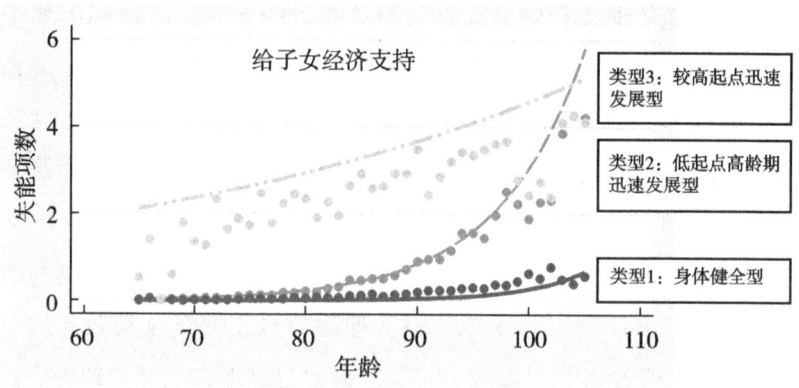

图 47　65 岁后给子女经济支持的状态下老年人的失能轨迹

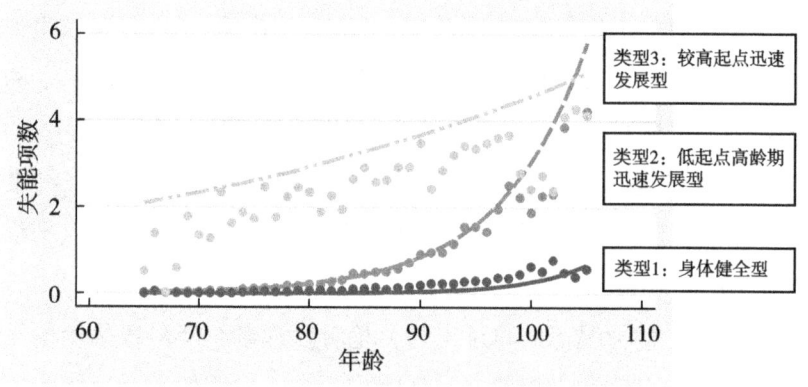

图 48　65～80 岁不给子女经济支持但 80 岁后给子女经济支持的状态下老年人的失能轨迹

6.10　日常生活照料状况与失能轨迹发展形态

笔者分别绘出 65 岁后有家人日常生活照料、65 岁后无家人日常生活照料、65～80 岁有家人日常生活照料但 80 岁后无家人日常生活照料的情况下老年人的失能轨迹（见图 49、图 50、图 51），以此比较整个老年期都有家人日常生活照料、整个老年期都无家人日常生活照料、80 岁进入高龄期时突然失去家人日常生活照料对失能轨迹走势的影响。

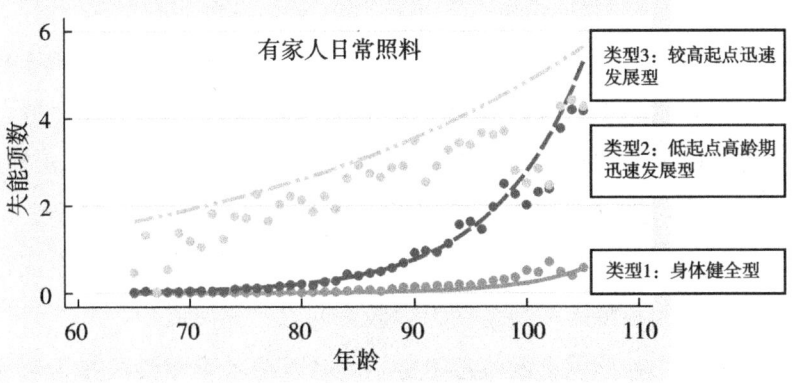

图49　65岁后有家人日常照料的状态下老年人的失能轨迹

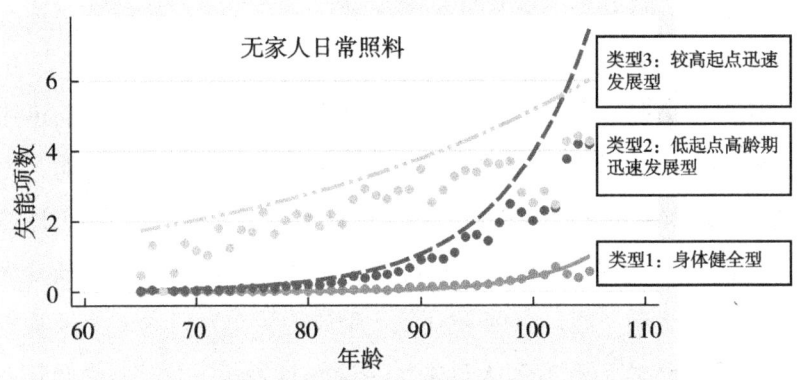

图50　65岁后无家人日常照料的状态下老年人的失能轨迹

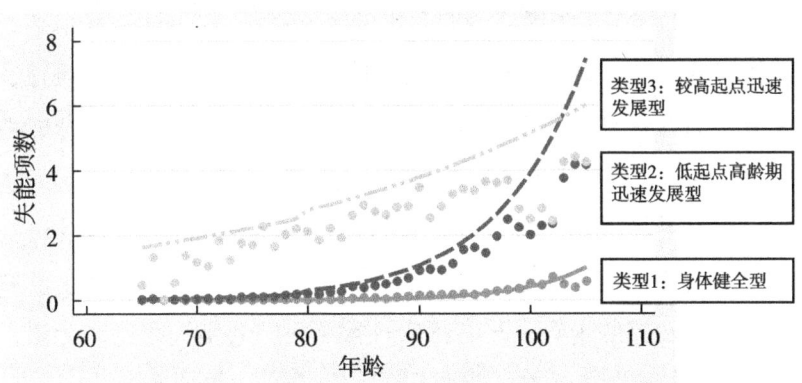

图51　65~80岁有家人日常生活照料但80岁后无家人日常照料的状态下老年人的失能轨迹

笔者发现三种情况下老年人的失能轨迹都可以分为三种类型：类型1的老年人的失能水平一直很低，大多数老人直到年龄很大时仍未出现失能。因此，将该类型定义为"身体健全型"。类型2的老人的失能水平开始比较低，进入高龄之后迅速上升。因此，将该类型定义为"低起点高龄期迅速发展型"。类型3的老人的失能水平开始时就相对偏高，并且一直处在较快的发展过程中。因此，将该类型定义为"较高起点迅速发展型"。

对比三种情况下的轨迹走势，笔者发现各个年龄段是否有家人日常生活照料对"身体健全型"的老人影响不大。而与65岁后都有家人日常生活照料这种情况相比，"低起点高龄期迅速发展型"和"较高起点迅速发展型"在65岁后都没有家人日常生活照料的情况下失能轨迹出现了些许攀升。"低起点高龄期迅速发展型"由97岁达到2项失能转变为95岁达到2项失能，由103岁达到4项失能转变为100岁达到4项失能。"较高起点迅速发展型"则表现为失能的增速变快，由71岁达到2项失能转变为68岁达到2项失能，由94岁达到4项失能转变为91岁达到4项失能。而与65岁后都有家人日常生活照料这种情况相比，"低起点高龄期迅速发展型"和"较高起点迅速发展型"在80岁后无家人日常照料的情况下失能轨迹的变化也比较明显。"低起点高龄期迅速发展型"进入中度与重度失能的时间点提前。"较高起点迅速发展型"的增速加快，轨迹在80岁的时点出现一个轻微上升的坡度，进入重度失能的时间点也提前。

由此可见，有无家人日常照料对"身体健全型"影响不大，但会影响"低起点高龄期迅速发展型"和"较高起点迅速发展型"失能轨迹的走势。与有家人日常照料的老年人相比，无家人日常照料的老年人失能发展更迅速、失能程度更严重。

6.11 小结

上述分析发现，有无慢性病、有无孤独感、有无经济收入、是否吸烟、是否喝酒、就医状况、超重、营养不良、有无子女的经济支持、有无子女的精神慰藉、家人日常照料状况显著影响失能轨迹的发展形态，而婚姻状况、有无给子女经济支持对失能轨迹的发展形态没有明显的预测作用。

有无慢性病对"身体健全型"影响不大，对非"身体健全型"影响很大。一旦有严重的慢性病，老年人就容易出现失能，并加速失能的发展。减缓慢性病的发生与发展可以推迟失能的发生，延缓失能的走势发展。在未患慢性病之前就应该防微杜渐、防患于未然。平时按期体检，发现慢性病要及时治疗。尤其是农村老年人，缺乏医疗保健知识，总是秉持"是药三分毒"的旧理念，意识不到不吃药的危害比药品本身的副作用大得多，往往讳疾忌医、延误治疗，致使病情恶化。

有孤独感对"身体健全型"影响不大，但会加速另外两种失能轨迹的走势发展。与没有孤独感的人相比，有孤独感的人失能更严重。消除或减轻老年人的孤独感对于延缓老年人失能的走势、降低失能的严重程度有着重要意义。除了子女注重为其提供精神慰藉外，社区多举办适合老年人参加的活动对减少老人的孤独感也很有益处。

患病及时就医对"身体健全型"影响不大，对非"身体健全型"有着至关重要的影响。若患病能够及时就医，则可以降低病症恶化的风险，推迟失能的发生，延缓失能的走势。反之，失能的走势将明显加快。

经济状况对"身体健全型"影响不大,对非"身体健全型"影响很大。在良好的经济状况下,老年人可以获得足够的医疗保健资源,从而推迟失能的发生,延缓失能的走势发展。然而,与中青年人相比,老年人往往经济上更为窘迫,在获取资源上存在较多的困难,不利于保持其自理能力。

超重对"身体健全型"影响不大,但会加速另外两种失能轨迹的走势发展。与未超重的老年人相比,超重的老年人失能更严重。超重的老年人患各种慢性病如心脑血管疾病的概率大大高于体重正常的老年人,这会对其身体的生理机能造成危害从而显著降低其自理能力。应严格控制体重,养成良好的生活方式,降低慢性病的患病率。体重过低对"身体健全型"影响不大,但会加速另外两种失能轨迹的走势发展。与体重正常的老年人相比,体重过低的老年人失能更严重。老年人肠胃消化吸收能力下降,患各类慢性病的概率更高,更易营养不良。应注重普及适合老年人肠胃功能的食谱、提升老年人的消化吸收能力。

没有精神慰藉对"身体健全型"和"低起点高龄期迅速发展型"影响不大,但会加速"较高起点迅速发展型"的失能轨迹的走势发展。与有精神慰藉的人相比,无精神慰藉的"较高起点迅速发展型"的老年人失能更严重。"较高起点迅速发展型"的老人健康状况最差,对他们来说,子女为其提供精神慰藉可以舒缓老年人的心理压力,保持心理稳定与平衡,抵消掉因健康状况不良造成的心理损伤,有利于其身心健康。老年人的家人不能忽略对老人尤其是健康状况较差的老人的精神慰藉。

子女经济支持对"身体健全型"和"低起点高龄期迅速发展型"影响不大,有子女经济支持的"较高起点迅速发展型"的老年人失能发展更快、程度更严重。这是因为接受子女经济支持的老人通常自身经济状况较差,多是自身已经没有劳动能力或养老金的老人,这部分老人年轻时期经济状况也较为窘迫,各种资源的获取能力有限，终身保健医疗水平都较差。所以造成了接受子女的经济支持的老人的健康状况最差的现象。轨迹类型3的老人身体状况最差，是最易受经济状况影响的一类，因此较差的经济状况最易对其自理能力造成损伤。对于可能走上轨迹类型3的老人，要注重提高其年轻时获取资源的能力，不能任其年老时消极接受子女的经济支持，这对其维持自理能力并无太大的作用。

家人日常照料状况对"身体健全型"影响不大，但会加速另外两种失能轨迹的走势发展。与有家人日常照料的老年人相比，无家人日常照料的老年人失能更严重。可见家人这一照料资源的重要性绝非其他来源的照料资源可比拟。在当下家庭养老功能弱化的情况下，不能简单地将养老功能转嫁给社会，忽略家庭的照料功能，这样不利于老年人的身心健康发展。应该将家庭养老与社会养老有机地结合起来，取长补短。

第7章

老年人的失能轨迹对死亡风险的影响的回归分析

失能是死亡的前奏，失能老年人具有较高的死亡风险。由于失能轨迹涵盖了失能的起点、发展进程以及终点，可能对死亡风险有更准确的预测作用，因此在前文对中国老年人失能轨迹研究的基础上，本章采用安德森卫生服务利用行为模型为理论框架，进一步研究老年人的失能轨迹对死亡风险的影响。在此基础上，笔者选取研究框架中的老年期可改变的、以往研究证实可以降低老年人死亡风险的五个因素，将其与失能轨迹进行交互，研究老年期这五个因素对老年人的失能轨迹与死亡风险的调节作用。

7.1 老年人的失能轨迹对死亡风险的影响的回归分析——原始模型

基于前面的分析，笔者认为失能起点高、走势快的老年人死亡风险高，所以本书假设类型3的老年人死亡风险最高。但是类型2的老年人80岁之后才出现失能，并且百岁之前都基本保持在轻度失能的状态，也是相对理想的一种状况。有没有可能类型2的老年人的死亡风险反而低于类型1的老年人呢？尽管怀有这种疑问，本书仍然假设失能水平较高的类型2的老年人的死亡风险高于类型1的老年人。

为了进一步深入探析老年人的失能轨迹对死亡风险的影响，本书利用Cox回归模型，按照安德森模型，将人群特征的倾向因素、促进因素、需求因素、生活方式、卫生服务利用这五类因素纳入模型，分析各类变量对老年人死亡风险的影响。其中，失能轨迹作为需求因素进入模型。由于男女两性的失能轨迹与死亡风险都有所区别，因此该部分分性别进行比较（见表7）。

表7 老年人的失能轨迹对死亡风险的影响

变量		变量定义	风险比率	
			模型1：男性	模型2：女性
倾向因素	初始调查年龄组	80~89	2.74***	2.95***
		90~99	5.92***	8.70***
		100~105	11.16***	16.29***
	居住地	乡村	1.08	1.20**
	民族	汉族	0.99	0.90
	受教育程度	非文盲	0.91	0.97
	左利手	左利手	1.28+	0.94
	胎次	低胎次	1.03	1.06
	婚姻	有配偶	0.87*	0.97
促进因素	经济状况	较好	0.94	0.96
	童年营养	否	1.07	0.83**
	经济支持	有	1.47***	1.60***
	日常照料	有	0.82+	0.86
	精神慰藉	有	1.02	0.87*

续表

变量		变量定义	风险比率	
			模型1：男性	模型2：女性
卫生服务利用	现在患病及时就医	能	0.64***	0.76***
	60岁时患病及时就医	能	0.72**	0.96
	童年患病及时就医	能	1.22***	1.07
生活方式	吸烟	过去吸现在不吸	1.08	1.19+
		过去吸现在也吸	0.90	0.82+
		过去不吸现在吸	1.07	1.37+
	喝酒	过去喝现在不喝	1.16*	1.07
		过去喝现在也喝	1.18*	1.15
		过去不喝现在喝	0.89	0.89
	体育锻炼	过去锻炼现在不锻炼	1.17*	1.10
		过去锻炼现在也锻炼	0.86+	0.90
		过去不锻炼现在锻炼	0.79**	0.72***
需求因素	慢性病	无	0.92	0.97
	轨迹类型	类型1	1	1
		类型2	0.74***	1.32***
		类型3	1.44***	2.35***
	N		4052	4464
	LL		-11418.046	-12097.302

注：***$p<0.001$，**$p<0.01$，*$p<0.05$，+$p<0.1$。

表7中模型1为男性老年人死亡风险的影响因素。回归结果显示，轨迹类型作为需求因素对男性老人死亡风险的预测作用非常显著。相对于轨迹类型1，轨迹类型3的死亡风险是轨迹类

1 的 1.44 倍，轨迹类型 2 的死亡风险是轨迹类型 1 的 74%。也就是说，轨迹类型 3 的死亡风险最高，其次是轨迹类型 1，轨迹类型 2 的死亡风险最低。可见中低龄时期已经出现失能并一直迅速平稳发展的男性老年人死亡风险最高，但在 80 岁之后的高龄期才开始出现失能并一直保持在轻度失能状态的男性老年人的死亡风险甚至低于终身不失能的老人。

此外，年龄、左利手、婚姻状况、各个时期的卫生服务利用、喝酒、体育锻炼、子女经济支持、家人日常照料状况对男性老年人的死亡风险有显著影响。受教育程度、居住地、民族、胎次、慢性病、经济状况、吸烟、童年营养状况、精神慰藉状况对男性老人的死亡风险没有显著的影响。

具体来看，80～89 岁高龄男性老年人的死亡风险是中低龄男性老年人的 2.74 倍，90～99 岁高龄男性老年人的死亡风险是中低龄男性老年人的 5.92 倍，100～105 岁高龄男性老年人的死亡风险是中低龄男性老年人的 11.16 倍，初始调查的年龄越高，死亡风险越高。原因是与高龄男性老年人相比，中低龄男性老年人身体器官功能更不易退化，发生生理性衰老与病理性衰老的概率更低。左利手男性老人的死亡风险是右利手男性老人的 1.28 倍。有配偶的男性老年人的死亡风险是无配偶的男性老年人的 87%，配偶作为照料资源与生活伴侣对于强化男性老年人的心理健康建设有重要作用。有子女经济支持的男性老年人的死亡风险是没有子女经济支持的男性老年人的 1.47 倍。需要子女经济支持的男性老年人多是年龄较大、经济状况较差、没有退休金、丧失劳动能力的老年人。这部分男性老年人终身经济状况窘迫，拥有的医护资源、保健知识较少，因而死亡风险较高。有家人日常照料的男性老年人的死亡风险是没有家人日常照料的男性老年人的 82%。有家人日常照料可以降低老年人发生意外伤害的风险，在很大程度上对其心理状态也是一种慰藉。现在患病能及时就医的男性老年人的死亡风险是不能及时就医男性老年人的64%；60岁时患病能及时就医的男性老年人的死亡风险是60岁时患病不能及时就医的男性老年人的72%。现在医疗技术日渐发达，大多数重症都可以被抢救过来以达到延长寿命的目的。治疗及时才能降低病情恶化与后遗症的风险，从而大大降低死亡率。童年患病能及时就医的男性老年人的死亡风险是童年生病不能及时就医的男性老年人的1.22倍。这样的结果体现的是健康的选择性作用，能存活下来的童年患病不能及时就医的男性老年人大多是本身健康条件较好的男性老年人，因此老年期的死亡风险反而较低。而有些童年患病能及时就医的男性老年人可能本身健康条件不是很好，但依赖先进的医疗技术存活了下来，晚年仍摆脱不了本身健康条件较差的事实，面临较高的死亡风险。过去喝酒现在不喝酒的男性老年人的死亡风险是过去不喝酒现在也不喝酒的男性老年人的1.16倍，过去喝酒现在也喝酒的男性老年人的死亡风险是过去不喝酒现在也不喝酒的男性老年人的1.18倍。无论过去还是现在喝酒，都会提升男性老年人的死亡风险，原因是酗酒的男性老年人发生意外事故的风险更高，更易得酒精肝、中风等病症。过去锻炼现在不锻炼的男性老年人的死亡风险是过去不锻炼现在也不锻炼的男性老年人的1.17倍，很有可能是这部分男性老年人由于年龄增大、身体功能丧失从而做出的被迫选择。过去锻炼现在也锻炼的男性老年人的死亡风险是过去不锻炼现在也不锻炼的男性老年人的86%，过去不锻炼现在锻炼的男性老年人的死亡风险是过去不锻炼现在也不锻炼的男性老年人的79%。锻炼有利于维持身体机能，降低慢性病的发病率，从而降低死亡风险。

表7中模型2为女性老年人死亡风险的影响因素。回归结果显示，轨迹类型作为需求因素对女性老年人死亡风险的预测作用非常显著。相对于轨迹类型1，轨迹类型3的死亡风险是轨迹类

型 1 的 2.35 倍，轨迹类型 2 的死亡风险是轨迹类型 1 的 1.32 倍。也就是说，轨迹类型 3 的死亡风险最高，其次是轨迹类型 2，轨迹类型 1 的死亡风险最低。验证了失能起点高、走势快的女性老年人死亡风险高的结论，而即使是在 80 岁之后的高龄期才开始出现失能并一直保持在轻度失能状态，其死亡风险也高于终身不失能的女性老年人。

此外，年龄、居住地、童年营养状况、老年期的卫生服务利用、吸烟、体育锻炼、子女经济支持、子女精神慰藉状况对女性老年人的死亡风险有显著影响。受教育程度、民族、左利手、胎次、婚姻状况、慢性病、经济状况、家人日常照料状况对女性老年人的死亡风险没有显著的影响。

具体来看，倾向因素中，80~89 岁高龄女性老年人的死亡风险是中低龄女性老年人的 2.95 倍，90~99 岁高龄女性老年人的死亡风险是中低龄女性老年人的 8.7 倍，100~105 岁高龄女性老年人的死亡风险是中低龄女性老年人的 16.29 倍，初始调查的年龄越高，死亡风险越高。原因是与高龄女性老年人相比，中低龄女性老年人身体器官功能更不易退化，发生生理性衰老与病理性衰老的概率更低。乡村女性老年人的死亡风险是城镇女性老年人的 1.2 倍。由于落后的医疗水平、不充足的医疗资源、欠缺医疗保健意识，乡村女性老年人往往不注重保健，患病不能及时就医，因此死亡率远高于城镇女性老年人。童年营养不充足的女性老年人的死亡风险是营养充足的女性老年人的 83%。这样的结果体现的是健康的选择性作用，能存活下来的童年营养不充足的老年人大多是本身健康条件较好的老年人，因此老年期的死亡风险反而较低。有子女经济支持的老年人的死亡风险是没有子女经济支持的老年人的 1.6 倍。需要子女经济支持的老年人多是年龄较大、经济状况较差、没有退休金、丧失劳动能力的老年人。这部分老年人终身经济状况窘迫，拥有的医护资源、保健知识较少，因而死亡风险较高。有子女精神慰藉的老年人的死亡风险是没有子女精神慰藉的老年人的87%。现在患病能及时就医的老年人的死亡风险是不能及时就医老年人的76%。现在医疗技术日渐发达，大多数重症都可以被抢救过来以达到延长寿命的目的。治疗及时才能降低病情恶化与后遗症的风险，从而大大降低死亡率。在生活方式方面，过去吸烟现在不吸烟的老年人的死亡风险是过去不吸现在也不吸烟的老年人的1.19倍，过去吸烟现在也吸烟的老年人的死亡风险是过去不吸现在也不吸烟的老年人的82%，过去不吸烟现在吸烟的老年人的死亡风险是过去不吸现在也不吸烟的老年人的1.37倍。过去不锻炼现在锻炼的老年人的死亡风险是过去不锻炼现在也不锻炼的老年人的72%。锻炼有利于维持身体机能，降低慢性病的发病率，从而降低死亡风险。

通过上述分析笔者发现，轨迹类型以及其他变量对死亡风险的影响存在性别差异。由于本书的研究重点是轨迹类型对死亡风险的性别差异，其他变量对死亡风险的影响的性别差异在此不做详细介绍。对男性老年人来说，中低龄时期已经出现失能并一直迅速平稳发展的失能轨迹的死亡风险最高，其次是终身不失能的老年人，80岁之后的高龄期才开始出现失能并一直保持在轻度失能状态的老年人的死亡风险最低。对女性老年人来说，中低龄时期已经出现失能并一直迅速平稳发展的失能轨迹的死亡风险最高，其次是80岁之后的高龄期才开始出现失能并一直保持在轻度失能状态的老年人，终身不失能的老人的死亡风险最低。

本研究发现，对两性老年人来说，均是属于"较高起点迅速发展型"（轨迹类型3）的老年人的死亡风险最高。原因是属于轨迹类型3的老年人在低龄期就已出现失能，出现这种状况很可能是由于一些严重的病理事件或是无法弥补的事件引发的（威廉·考克汉姆，2012），同时，他们通常用来补偿残疾的策略已经失效（Fried 等，1991 年）。因此，无论对男性老年人还是女性老年人来说，轨迹类型3的死亡风险最高。

为什么对男性老年人来说，属于"身体健全型"的老年人的死亡风险反而高于"低起点高龄期迅速发展型"的老人呢？原因是：与女性老年人相比，男性老年人生理上更脆弱，更容易患中风、脑血栓、急性心肌梗死等严重危及生命的疾病（游允中等，2005），这类疾病可能不会致残而是直接导致死亡，从而增加了男性老年人未经历失能期而直接死亡的风险。而存活到高龄阶段才发生失能，可能是年龄增长导致的生理性失能而非严重危及生命的病理性失能。因此，高龄期发生失能的轨迹类型的男性老年人的死亡风险反而相对较低。

为什么对女性老年人来说，属于"身体健全型"的老年人的死亡风险要低于"低起点高龄期迅速发展型"的老人呢？原因是：女性老年人患关节炎、白内障等不危及生命的疾病的概率更高，患中风、急性心肌梗死等严重危及生命的疾病的概率更低（游允中等，2005）。同时，女性老年人更有可能进行常规健康检查，更经常使用卫生保健设施（威廉·考克汉姆，2012）。因此，与男性老年人相比，女性老年人不太可能出现未经历失能直接因病死亡的现象。对女性老人而言，不发生失能就意味着较健康的机体状况，因此死亡风险最低。

7.2　老年人的失能轨迹对死亡风险的影响的回归分析——其他因素的调节作用

上述分析表明，如果男性老年人走上失能起点高、走势快的轨迹类型3，或终身不会失能的轨迹类型1，那么该男性老年人的死亡风险就会大大高于 80 岁之后开始轻度失能的轨迹类型 2 的男性老年人。如果女性老年人走上失能起点高、走势快的轨迹类型 3，或 80 岁之后开始轻度失能的轨迹类型 2，那么该女性老年人的死亡风险就会大大高于终身不会失能的轨迹类型 1 的女性老年人。那么，在已知劣势的情况下，有没有什么因素可以使死亡风险较高的轨迹类型的老年人的死亡风险降低呢？世界卫生组织认为，在影响健康长寿的许多因素中，遗传因素占 15%，社会经济因素占 10%，医疗服务技术等有关因素占 8%，气候因素占 7%，而个人因素（生活方式、保健意识等）占到 60%。因此，健康长寿因素不仅是先天决定的，后天的因素更是起到了决定性的作用。轨迹类型 2 与轨迹类型 3 的老年人可能由于先天的或老年期之前的不利因素，倾向于走上自理能力不健全的轨迹，但是笔者认为这部分老年人如果采取恰当的措施，其死亡风险还是有可能降低的。根据安德森模型，个人因素（倾向因素、促进因素、需求因素）、生活方式、卫生服务利用共同影响到健康结果。本书选取老年期可改变的因素，如促进因素中的经济状况、家人日常照料状况、子女的精神慰藉状况，需求因素中的慢性病状况，卫生服务利用中的现在患病就医状况，考察这些方面对老年人的失能轨迹与死亡风险的调节作用。以往研究表明，良好的经济状况便利了各类资源的获取与使用；有家人日常照料与子女的精神慰藉可以方便老人的日常生活，增加老年人的生活满意度与主观幸福感；老年期的患病就医状况在很大程度上让老年人摆脱了病痛缠身；无慢性病更是一个人身体健康的标志。这些方面对于降低老年人的死亡风险均起到正向的作用。因此，笔者认为，即使老年人可能走上死亡风险较高的失能轨迹类型，如果为其提供上述资源或有效防控慢性病，老年人的死亡风险还是会大大降低甚至低于上述方面不占优势的死亡风险最低的轨迹类型的老年人。由于老年人采取的生活方式（吸烟、喝酒、体育锻炼等）在很大程度上根据老年人的失能状况做出调整，比如老年人由于失能而放弃吸烟、喝酒、体育锻炼，因此调查时不吸烟、不喝酒、参与体育锻炼的老年人反而可能面临较高的死亡风险，为避免由于健康的选择性作用得出不确定的结论，本书在此不予考察生活方式的调节作用。

该部分笔者提出的假设是：无论哪一种轨迹类型，经济状况良好、有家人日常照料、有子女的精神慰藉、老年期患病能及时就医、无慢性病的老年人，死亡风险都小于经济状况较差、无家人日常照料、无子女的精神慰藉、老年期患病不能及时就医、有慢性病的老年人，并且这种调节作用对死亡风险最高的轨迹类型的影响最大，也就是说，对于死亡风险越高的轨迹类型，拥有上述资源优势的老年人的死亡风险下降越快。本书将依次考察上述方面对老年人的失能轨迹类型与死亡风险的调节作用，以期找到可以降低高水平失能轨迹的老年人的死亡风险的实证依据。

7.2.1 经济状况的调节作用

以往研究表明，经济状况决定各类资源的获取，良好的经济状况可以降低老年人的死亡风险。那么，良好的经济状况是否可以使原本死亡风险较高的轨迹类型2与轨迹类型3的女性老年人的死亡风险下降甚至劣势扭转呢？良好的经济状况是否可以使原本死亡风险较高的轨迹类型1与轨迹类型3的男性老年人的死亡风险下降甚至劣势扭转呢？表8为将轨迹类型与经济状况进行交互后的风险比率，可以发现经济状况对轨迹类型与死亡风险的调节作用。由于其他变量的作用与原始模型相比没有很明显的变化，这里不做详细的介绍。

表8 老年人的失能轨迹对死亡风险的影响——经济状况的调节作用

变量	变量定义	风险比率	
		模型1：男性	模型2：女性
交互效应	轨迹类型 * 经济状况	类型1 经济较差　1 类型1 经济较好　0.97 类型2 经济较差　0.76 $^+$ 类型2 经济较好　0.72 类型3 经济较差　1.69 *** 类型3 经济较好　1.30 *	1 0.98 1.33 * 1.30 * 2.64 *** 2.20 ***

注：$***p<0.001$，$**p<0.01$，$*p<0.05$，$+p<0.1$。

模型 1 为在对经济状况与轨迹类型进行交互作用的情况下，男性老年人的死亡风险比率。笔者发现轨迹类型 1 经济条件好的老年人的死亡风险是轨迹类型 1 经济条件差的老年人的死亡风险的 97%，但影响并不显著，即良好的经济状况对降低轨迹类型 1 的老年人的死亡风险影响不大。轨迹类型 2 经济条件好的老年人的死亡风险是轨迹类型 1 经济条件差的老年人的死亡风险的 72%，影响不显著。轨迹类型 2 经济条件差的老年人的死亡风险是轨迹类型 1 经济条件差的老年人的死亡风险的 76%。轨迹类型 3 经济条件好的老年人的死亡风险是轨迹类型 1 经济条件差的老年人的死亡风险的 1.3 倍，轨迹类型 3 经济条件差的老年人的死亡风险是轨迹类型 1 经济条件差的老年人的死亡风险的 1.69 倍。由此可见，无论是轨迹类型 1、轨迹类型 2 还是轨迹类型 3，经济状况好的老年人的死亡风险都小于经济状况差的老年人。

比较轨迹类型 1 与轨迹类型 2，无论经济状况如何，轨迹类型对男性老年人死亡风险都无明显的影响作用，经济状况并未表现出对轨迹类型和死亡风险的调节作用（见图 52）。比较轨迹类型 3 与轨迹类型 1、轨迹类型 3 与轨迹类型 2，对于经济状况较差的老年人，轨迹类型对死亡风险的影响作用较强，即经济状况较差的老年人的死亡风险更容易受到轨迹类型的影响。对于经济状况较好的老年人，轨迹类型对死亡风险的影响作用较弱，即经济状况较好的老年人的死亡风险不容易受到轨迹类型的影响。这说明，轨迹类型对死亡风险的影响还依赖于老年人的经济状况，良好的经济状况弱化了轨迹类型对死亡风险的影响，从而表现出经济状况负向调节轨迹类型与死亡风险之间的关系。但是轨迹类型1经济较好的老人的死亡风险仍高于轨迹类型2经济较差的老人，轨迹类型3经济较好的老人的死亡风险仍高于轨迹类型1经济较差的老人，也就是说良好的经济状况降低了轨迹类型1、轨迹类型3相对于自身经济状况较差的个体的死亡风险，但并未实现轨迹类型1对轨迹类型2、轨迹类型3对轨迹类型1的劣势逆转。

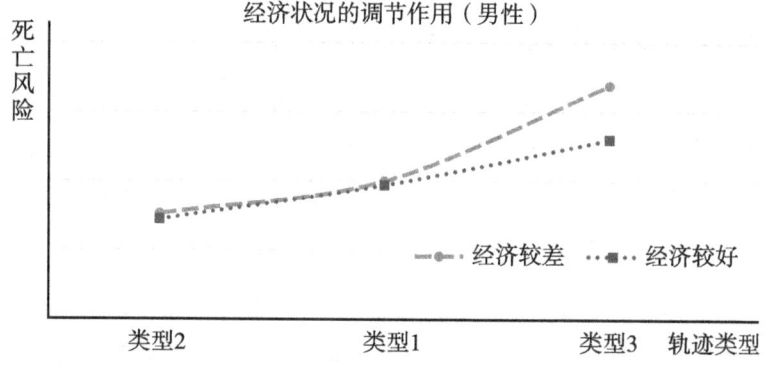

图52 男性老年人的失能轨迹对死亡风险的影响——经济状况的调节作用

模型2为在对经济状况与轨迹类型进行交互作用的情况下，女性老年人的死亡风险比率。笔者发现轨迹类型1经济条件好的老年人的死亡风险是轨迹类型1经济条件差的老年人的死亡风险的98%，但影响并不显著。轨迹类型2经济条件好的老年人的死亡风险是轨迹类型1经济条件差的老年人的死亡风险的1.3倍，轨迹类型2经济条件差的老年人的死亡风险是轨迹类型1经济条件差的老年人的死亡风险的1.33倍。轨迹类型3经济条件好的老年人的死亡风险是轨迹类型1经济条件差的老年人的死亡风险的2.2倍，轨迹类型3经济条件差的老年人的死亡风险是轨迹类型1经济条件差的老年人的死亡风险的2.64倍。由此可见，对于经济状况较差的老年人，轨迹类型对死亡风险的影响作用较强，即经济状况较差的老年人的死亡风险更容易受到轨迹类型的影响。对于经济状况较好的老年人，轨迹类型对死亡风险的影响作用较弱，即经济状况较好的老年人的死亡风险不容易受到轨迹类型的影响（见图53）。这说明，轨迹类型对死亡风险的影响还依赖于老年人的经济状况，良好的经济状况弱化了轨迹类型对死亡风险的影响，从而表现出经济状况负向调节轨迹类型与死亡风险之间的关系。但是轨迹类型2经济较好的老人的死亡风险仍高于轨迹类型1经济较差的老人，轨迹类型3经济较好的老人的死亡风险仍高于轨迹类型2经济较差的老人，也就是说良好的经济状况降低了轨迹类型2、轨迹类型3相对于自身经济状况较差的个体的死亡风险，但并未实现轨迹类型2对轨迹类型1、轨迹类型3对轨迹类型2的劣势逆转。

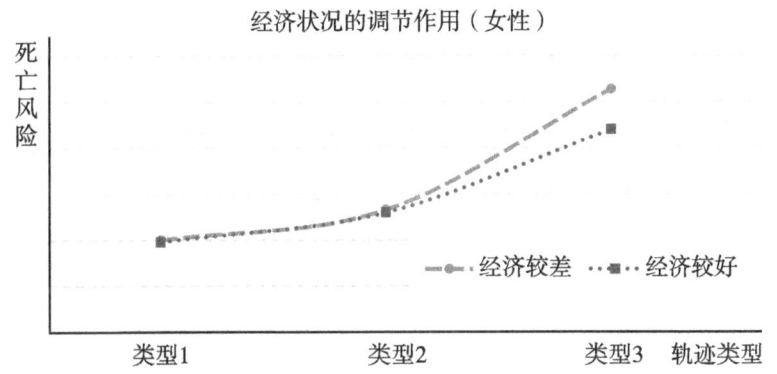

图53　女性老年人的失能轨迹对死亡风险的影响——经济状况的调节作用

根据绝对收入假说，较好的经济状况通常意味着更多的社会支持与医疗卫生条件，这些资源对老年人年轻时与年老时的健康状况都有正向的推动作用。根据Wilkinson的收入差距假说，收入差距对个人健康产生显著影响。经济状况较差的人更多地面临身体、经济、精神等方面的多重压力，在就业方面存在较大的困难,在婚配市场也不占优势,各方面相对于其他群体有一定的差距,也更容易出现抑郁、焦虑等症状,属于明显的弱势群体,这些都会对其健康状况造成一定的危害。无论是哪一方面的原因,良好的经济状况都会使本身死亡风险较高的轨迹类型的死亡风险下降,尤其对轨迹类型3的缓解效应最为明显,但经济状况的提升无法实现死亡风险较高的轨迹类型的劣势逆转。

总的来说,经济状况对男女两性的失能轨迹与死亡风险间的关系都表现出了调节作用。

7.2.2 日常照料状况的调节作用

以往研究表明,与没有家人照料或其他人照料相比,有家人日常照料可以降低老年人的死亡风险。因此笔者推测有家人日常照料可以使原本死亡风险较高的轨迹类型2与轨迹类型3死亡风险下降。表9为将轨迹类型与日常照料情况进行交互后的风险比率,可以发现有无家人日常照料对轨迹类型与死亡风险的调节作用。

表9 老年人的失能轨迹对死亡风险的影响——日常照料状况的调节作用

变量		变量定义	风险比率	
			模型1:男性	模型2:女性
交互效应	轨迹类型*日常照料	类型1 没有家人日常照料	1	1
		类型1 有家人日常照料	0.84	0.77
		类型2 没有家人日常照料	0.86	1.08
		类型2 有家人日常照料	0.62**	1.03
		类型3 没有家人日常照料	1.45	2.52**
		类型3 有家人日常照料	1.21	1.79**

注:***$p<0.001$,**$p<0.01$,*$p<0.05$,+$p<0.1$。

模型 1 为在日常照料与轨迹类型进行交互作用的情况下，男性老年人的死亡风险比率。笔者发现轨迹类型 1 有家人日常照料的老年人的死亡风险是轨迹类型 1 没有家人日常照料的老年人的死亡风险的 84%，尽管结果并不显著。轨迹类型 2 没有家人日常照料的老年人的死亡风险是轨迹类型 1 没有家人日常照料的老年人的死亡风险的 86%，尽管结果并不显著。轨迹类型 2 有家人日常照料的老年人的死亡风险是轨迹类型 1 没有家人日常照料的老年人的死亡风险的 62%。有家人日常照料降低了轨迹类型 2 老年人的死亡风险。轨迹类型 3 没有家人日常照料的老年人的死亡风险是轨迹类型 1 没有家人日常照料的老年人的死亡风险的 1.45 倍。轨迹类型 3 有家人日常照料的老年人的死亡风险是轨迹类型 1 没有家人日常照料的老年人的死亡风险的 1.21 倍。有家人日常照料能够显著降低属于轨迹类型 2 的老年人的死亡风险。

由此可见，无论是轨迹类型 1、轨迹类型 2 还是轨迹类型 3，有家人日常照料的老年人的死亡风险都小于没有家人日常照料的老年人。比较轨迹类型 1 与轨迹类型 2，对于有家人日常照料的男性老年人，轨迹类型对死亡风险的影响作用较强，即有家人日常照料的老年人的死亡风险更容易受到轨迹类型的影响。有家人日常照料未表现出对轨迹类型 1 和轨迹类型 2 的死亡风险的调节作用。比较轨迹类型 2 与轨迹类型 3，无论有无家人日常照料，轨迹类型对死亡风险的影响作用都无明显区别，有家人日常照料并未表现出对轨迹类型和死亡风险的调节作用（见图 54）。比较轨迹类型 1 与轨迹类型 3，对于没有家人日常照料的老年人，轨迹类型对死亡风险的影响作用较强，即没有家人日常照料的老年人的死亡风险更容易受到轨迹类型的影响。有家人日常照料表现出轨迹类型 3 对轨迹类型 1 的死亡风险的调节作用。这说明，轨迹类型对死亡风险的影响还依赖于老年人的日常照料情况，有家人日常照料弱化了轨迹类型对死亡风险的影响，从而表现出日常照料负向调节轨迹类型与死亡风险之间的关系。但是类型1有家人日常照料的老人的死亡风险仍高于类型2没有家人日常照料的老人,类型3有家人日常照料的老人的死亡风险仍高于类型1没有家人日常照料的老人,也就是说有家人日常照料降低了轨迹类型1、轨迹类型3相对于没有家人日常照料的个体的死亡风险,但并未实现轨迹类型1对轨迹类型2、轨迹类型3对轨迹类型1的劣势逆转。

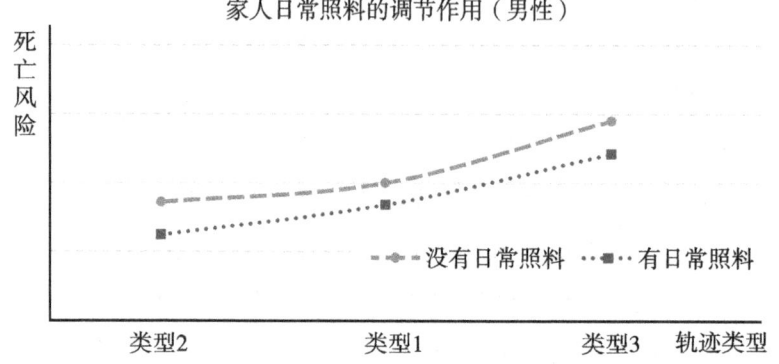

图54 男性老年人的失能轨迹对死亡风险的影响——日常照料状况的调节作用

模型2为在对家人日常照料与轨迹类型进行交互作用的情况下,女性老年人的死亡风险比率。笔者发现轨迹类型1有家人日常照料的老年人的死亡风险是轨迹类型1没有家人日常照料的老年人的死亡风险的77%,尽管结果并不显著。轨迹类型2没有家人日常照料的老年人的死亡风险是轨迹类型1没有家人日常照料的老年人的死亡风险的1.08倍,尽管结果并不显著。轨迹类型2有家人日常照料的老年人的死亡风险是轨迹类型1没有家人日常照料的老年人的死亡风险的1.03倍,但结果并不显著。轨迹类型3没有家人日常照料的老年人的死亡风险是轨迹类型1没有家人日常照料的老年人的死亡风险的2.52倍。轨迹类型3有家人日常照料的老年人的死亡风险是轨迹类型1没有家人日常照料的老年人的死亡风险的1.79倍。家人的日常照料能够显著降低轨迹类型3的老年人的死亡风险。

由此可见，无论是轨迹类型1、轨迹类型2还是轨迹类型3，有家人日常照料的老年人的死亡风险都小于没有家人日常照料的老年人。比较轨迹类型1与轨迹类型2，对于有家人日常照料的老年人，轨迹类型对死亡风险的影响作用较强，即有家人日常照料的老年人的死亡风险更容易受到轨迹类型的影响。有家人日常照料未表现出对轨迹类型1和轨迹类型2的死亡风险的调节作用。比较轨迹类型1与轨迹类型3、轨迹类型2与轨迹类型3，对于没有家人日常照料的老年人，轨迹类型对死亡风险的影响作用较强，即没有家人日常照料的老年人的死亡风险更容易受到轨迹类型的影响。有家人日常照料表现出轨迹类型3对轨迹类型1、轨迹类型3对轨迹类型2的死亡风险的调节作用（见图55）。这说明，轨迹类型对死亡风险的影响还依赖于老年人的日常照料情况，有家人日常照料弱化了轨迹类型对死亡风险的影响，从而表现出日常照料负向调节轨迹类型与死亡风险之间的关系。但是轨迹类型2有家人日常照料的老人的死亡风险仍高于轨迹类型1没有家人日常照料的老人，轨迹类型3有家人日常照料的老人的死

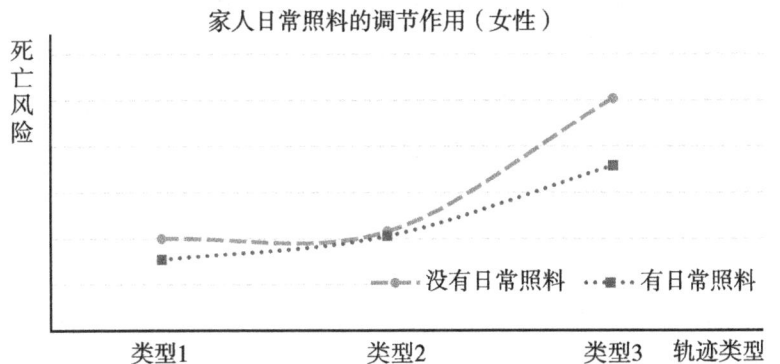

图55　女性老年人的失能轨迹对死亡风险的影响——日常照料状况的调节作用

亡风险仍高于类型2没有家人日常照料的老人，也就是说，良好的家人日常照料降低了轨迹类型2、轨迹类型3对于家人日常照

料较差的个体的死亡风险，但并未实现轨迹类型 2 对轨迹类型 1、轨迹类型 3 对轨迹类型 2 的劣势逆转。

综上，有家人日常照料对男女两性老年人的失能轨迹与死亡风险间的关系都表现出了调节作用。

7.2.3 精神慰藉状况的调节作用

以往研究表明，子女的精神慰藉可以降低老年人的死亡风险，影响显著且稳定。因此笔者推测子女的精神慰藉可以使原本死亡风险较高的轨迹类型 2 与轨迹类型 3 死亡风险下降。表 10 为将轨迹类型与精神慰藉情况进行交互后的风险比率，可以发现精神慰藉对轨迹类型与死亡风险的调节作用。

表 10　老年人的失能轨迹对死亡风险的影响——精神慰藉状况的调节作用

变量	变量定义	风险比率	
		模型 1：男性	模型 2：女性
交互效应	轨迹类型 * 精神慰藉		
	类型 1 没有精神慰藉	1	1
	类型 1 有精神慰藉	1.03	0.82+
	类型 2 没有精神慰藉	0.84	1.22+
	类型 2 有精神慰藉	0.73**	1.11
	类型 3 没有精神慰藉	1.32*	2.34***
	类型 3 有精神慰藉	1.55***	1.93***

注：***$p<0.001$，**$p<0.01$，*$p<0.05$，+$p<0.1$。

模型 1 为在子女精神慰藉与轨迹类型进行交互作用的情况下，男性老年人的死亡风险比率（见图 56）。笔者发现轨迹类型 1 有子女精神慰藉的男性老年人的死亡风险是轨迹类型 1 没有子女精神慰藉的男性老年人的死亡风险的 1.03 倍，但结果并不显著。轨迹类型 2 没有子女精神慰藉的男性老年人的死亡风险是轨迹类型 1 没有子女精神慰藉的男性老年人的死亡风险的 84%，尽

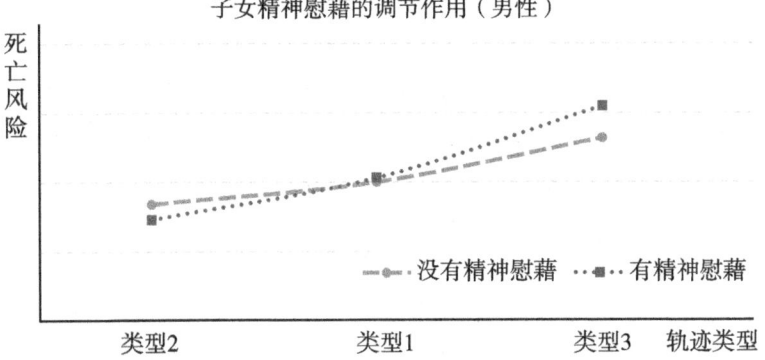

图 56　男性老年人的失能轨迹对死亡风险的影响——精神慰藉状况的调节作用

管结果并不显著。轨迹类型 2 有子女精神慰藉的男性老年人的死亡风险是轨迹类型 1 没有子女精神慰藉的男性老年人的死亡风险的 73%。子女精神慰藉降低了轨迹类型 2 男性老年人的死亡风险。轨迹类型 3 没有子女精神慰藉的男性老年人的死亡风险是轨迹类型 1 没有子女精神慰藉的男性老年人的死亡风险的 1.32 倍。轨迹类型 3 有子女精神慰藉的男性老年人的死亡风险是轨迹类型 1 没有子女精神慰藉的男性老年人的死亡风险的 1.55 倍。

从表面上看,在该模型中,有精神慰藉好像加大了轨迹类型 3 男性老年人的死亡风险。但精神慰藉对轨迹类型 3 的男性老年人表现出的结果可能是由于健康的选择性作用。轨迹类型 3 有精神慰藉的男性老年人更多的是那些身体健康状况非常不好的老年人,因此子女经常陪老人聊天提供精神支持,这类男性老年人本身具有较高的死亡风险,而非子女提供的精神慰藉造成的。总的来说,子女精神慰藉并未对男性老年人的轨迹类型与死亡风险的关系产生调节作用。

模型 2 为在对子女精神慰藉与轨迹类型进行交互作用的情况下,女性老年人的死亡风险比率。笔者发现轨迹类型 1 有子女精神慰藉的女性老年人的死亡风险是轨迹类型 1 没有子女精神慰藉的女性老年人的死亡风险的 82%。轨迹类型 2 没有子女精神慰藉的女性老年人的死亡风险是轨迹类型1没有子女精神慰藉的女性老年人的死亡风险的1.22倍。轨迹类型2有子女精神慰藉的女性老年人的死亡风险是轨迹类型1没有子女精神慰藉的女性老年人的死亡风险的1.11倍,但结果并不显著。轨迹类型3没有子女精神慰藉的女性老年人的死亡风险是轨迹类型1没有子女精神慰藉的女性老年人的死亡风险的2.34倍。轨迹类型3有子女精神慰藉的女性老年人的死亡风险是轨迹类型1没有子女精神慰藉的女性老年人的死亡风险的1.93倍。子女精神慰藉能够显著降低轨迹类型3的女性老年人的死亡风险。

由此可见,无论是轨迹类型1、轨迹类型2还是轨迹类型3,有子女精神慰藉的女性老年人的死亡风险都小于没有子女精神慰藉的女性老年人。比较轨迹类型1与轨迹类型2,对于有子女精神慰藉的女性老年人,轨迹类型对死亡风险的影响作用较强,即有子女精神慰藉的女性老年人的死亡风险更容易受到轨迹类型的影响。有子女精神慰藉未表现出对轨迹类型1和轨迹类型2的死亡风险的调节作用。比较轨迹类型1与轨迹类型3、轨迹类型2与轨迹类型3,对于没有子女精神慰藉的女性老年人,轨迹类型对死亡风险的影响作用较强,即没有子女精神慰藉的女性老年人的死亡风险更容易受到轨迹类型的影响。有子女精神慰藉表现出轨迹类型3对轨迹类型1、轨迹类型3对轨迹类型2的死亡风险的调节作用(见图57)。这说明,轨迹类型对死亡风险的影响还依赖于子女精神慰藉情况,有子女精神慰藉弱化了轨迹类型对死亡风险的影响,从而表现出子女精神慰藉负向调节轨迹类型与死亡风险之间的关系。但是轨迹类型2有子女精神慰藉的女性老年人的死亡风险仍高于轨迹类型1没有子女精神慰藉的女性老年人,轨迹类型3有子女精神慰藉的女性老年人的死亡风险仍高于轨迹类型2没有子女精神慰藉的老年人,也就是说,子女精神慰藉降低了轨迹类型2、轨迹类型3相对于没有子女精神慰藉的老年人的死亡风险，但并未实现轨迹类型2对轨迹类型1、轨迹类型3对轨迹类型2的劣势逆转。

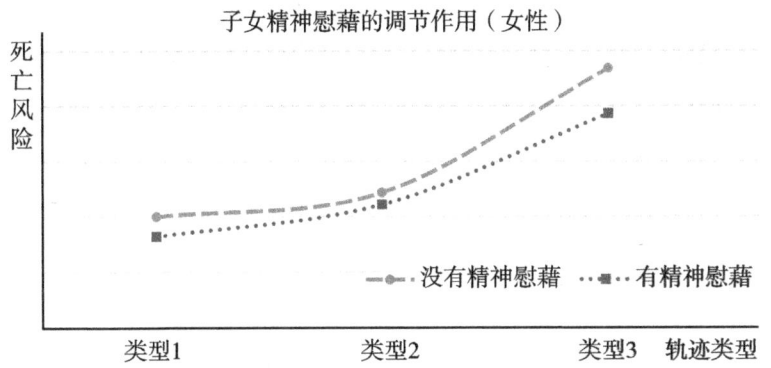

图57 女性老年人的失能轨迹对死亡风险的影响——精神慰藉状况的调节作用

综上，有子女精神慰藉对女性老年人轨迹类型1与轨迹类型2死亡风险的关系并无调节作用，对女性老年人轨迹类型3与轨迹类型1、轨迹类型2死亡风险的关系有负向调节的作用。与男性老人不同，子女精神慰藉对女性老年人的死亡风险表现出明显的降低作用，说明女性老人更依赖子女的精神支持。第一，由于女性特有的生理特点，如更年期综合征，女性更容易产生焦虑、抑郁等负面情绪（Zhao 等，2014）。第二，女性预期寿命高于男性，丧偶率高，这使得女性严重缺乏情感支持（Beal，2006）。第三，女性更多地参与抚养孩子，母亲和孩子之间的关系比父亲和孩子之间的关系更牢固（Liang，2011）。因此，女性老年人更容易出现"空巢"或其他心理危机。子女的精神慰藉提升了女性老年人的主观幸福感，降低了其孤独感等消极情绪，对女性老年人的健康状况起到了正向的强化作用。

7.2.4 现在患病就医状况的调节作用

以往研究表明，老年期患病及时就医可以减缓病情的发展、降低病情恶化的风险，从而降低老年人的死亡风险。因此笔者推测患病及时就医可以使原本死亡风险较高的轨迹类型2与轨迹类型3死亡风险下降。而如若患病不能及时就医，即使失能风险很小的轨迹类型1的老年人也可能由于不能及时就医使病情恶化从而加大死亡风险。表11为将轨迹类型与当前的患病就医情况进行交互后的风险比率，可以发现当前的患病就医状况对轨迹类型与死亡风险的调节作用。

表11 老年人的失能轨迹对死亡风险的影响——现在患病就医状况的调节作用

变量	变量定义	风险比率	
		模型1：男性	模型2：女性
交互效应	轨迹类型*现在患病就医		
	类型1 不能及时就医	1	1
	类型1 能及时就医	0.68***	0.80+
	类型2 不能及时就医	0.67+	1.54**
	类型2 能及时就医	0.51***	1.04
	类型3 不能及时就医	2.11***	2.03**
	类型3 能及时就医	0.90	1.96***

注：***p<0.001，**p<0.01，*p<0.05，+p<0.1。

模型1为在患病就医与轨迹类型进行交互作用的情况下，男性老年人的死亡风险比率。笔者发现轨迹类型1患病能及时就医的老年人的死亡风险是轨迹类型1患病不能及时就医的老年人的死亡风险的68%。患病及时就医能够显著降低轨迹类型1的老年人的死亡风险。轨迹类型2患病能及时就医的老年人的死亡风险是轨迹类型1患病不能及时就医的老年人的死亡风险的51%。轨迹类型2患病不能及时就医的老年人的死亡风险是轨迹类型1患病不能及时就医的老年人的死亡风险的67%。患病及时就医能够显著降低轨迹类型2的老年人的死亡风险。轨迹类型3患病能及时就医的老年人的死亡风险是轨迹类型1患病不能及时就医的老年人的死亡风险的90%，但结果并不显著。轨迹类型3患病不能及时就医的老年人的死亡风险是轨迹类型1患病不能及时就医的老年人的死亡风险的2.11倍。患病及时就医能够显著降低轨迹类型3的老年人的死亡风险。

可见无论对于轨迹类型1、轨迹类型2还是轨迹类型3，患病能及时就医的老年人的死亡风险都小于患病不能及时就医的老年人，轨迹类型3患病能及时就医的老年人几乎实现了对轨迹类型1患病不能及时就医的老年人的劣势逆转，尽管结果并不显著。另外，对于患病不能及时就医的老年人，轨迹类型对死亡风险的影响作用较强，即患病不能及时就医的老年人的死亡风险更容易受到轨迹类型的影响。对于患病能及时就医的老年人，轨迹类型对死亡风险的影响作用较弱，即患病及时就医的老年人的死亡风险不容易受到轨迹类型的影响（见图58）。这说明，轨迹类型对死亡风险的影响还依赖于老年人的患病就医状况，良好的就医状况弱化了轨迹类型对死亡风险的影响，从而表现出就医状况负向调节轨迹类型与死亡风险之间的关系。

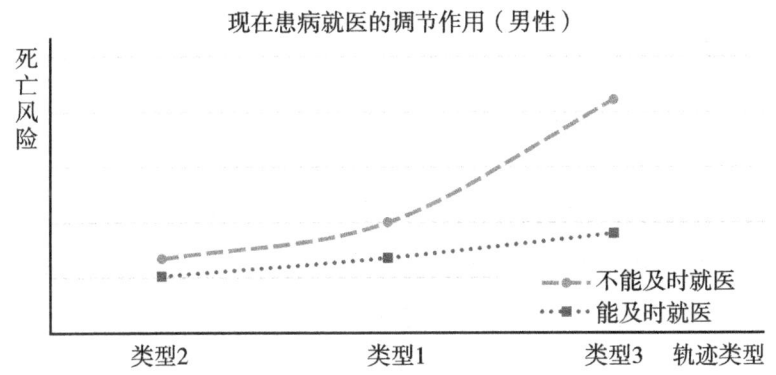

图58 男性老年人的失能轨迹对死亡风险的影响
——现在患病就医状况的调节作用

模型2为在患病就医与轨迹类型进行交互作用的情况下，女性老年人的死亡风险比率。笔者发现轨迹类型1患病能及时就医的老年人的死亡风险是轨迹类型1患病不能及时就医的老年人的死亡风险的80%。患病及时就医能够显著降低轨迹类型1的老年人的死亡风险。轨迹类型 2 患病能及时就医的老年人的死亡风险是轨迹类型 1 患病不能及时就医的老年人的死亡风险的 1.04 倍，但结果并不显著。轨迹类型 2 患病不能及时就医的老年人的死亡风险是轨迹类型 1 患病不能及时就医的老年人的死亡风险的 1.54 倍。患病及时就医能够显著降低轨迹类型 2 的老年人的死亡风险。轨迹类型 3 患病能及时就医的老年人的死亡风险是轨迹类型 1 患病不能及时就医的老年人的死亡风险的 1.96 倍。轨迹类型 3 患病不能及时就医的老年人的死亡风险是轨迹类型 1 患病不能及时就医的老年人的死亡风险的 2.03 倍。患病及时就医能够显著降低轨迹类型 3 的老年人的死亡风险。

可见无论对于轨迹类型 1、轨迹类型 2 还是轨迹类型 3，患病能及时就医的老年人的死亡风险都小于患病不能及时就医的老年人。但是轨迹类型 2 患病能及时就医的老人的死亡风险仍高于轨迹类型 1 患病不能及时就医的老人，轨迹类型 3 患病能及时就医的老人的死亡风险仍高于轨迹类型 2 患病不能及时就医的老人，也就是说，患病能及时就医降低了各轨迹类型老年人的死亡风险，但并未实现轨迹类型 2 对轨迹类型 1、轨迹类型 3 对轨迹类型 2 的劣势逆转。

比较轨迹类型 2 与轨迹类型 1，对于患病不能及时就医的老年人，轨迹类型对死亡风险的影响作用较强，即患病不能及时就医的老年人的死亡风险更容易受到轨迹类型的影响。对于患病能及时就医的老年人，轨迹类型对死亡风险的影响作用较弱，即患病及时就医的老年人的死亡风险不容易受到轨迹类型的影响。这说明，轨迹类型对死亡风险的影响还依赖于老年人的患病就医状况，良好的就医状况弱化了轨迹类型对死亡风险的影响，从而表现出就医状况负向调节轨迹类型与死亡风险之间的关系。比较轨迹类型 3 与轨迹类型 1、轨迹类型 3 与轨迹类型 2，对于患病能及时就医的老年人，轨迹类型对死亡风险的影响作用较强，对于患病不能及时就医的老年人，轨迹类型对死亡风险的影响作用较弱（见图59）。患病就医并未表现出对轨迹类型与死亡风险之间关系的调节作用。

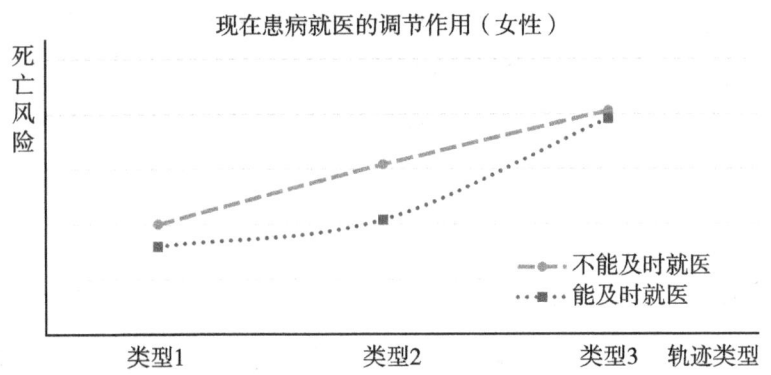

图59　女性老年人的失能轨迹对死亡风险的影响
——现在患病就医状况的调节作用

总的来说，患病就医状况对男女两性的失能轨迹与死亡风险间的关系都表现出了调节作用。

7.2.5　慢性病状况的调节作用

慢性病状况削弱了老年人身体器官的功能，给老年人的身体健康状况带来了长年累月的伤害，一些严重的慢性病如中风等脑血管疾病、心脏病等心血管疾病、癌症会大大提升老年人的死亡风险。因此笔者推测轨迹类型2或轨迹类型3的老年人如果不患此类慢性病，死亡风险可能有所下降。表12为将轨迹类型与慢性病患病状况进行交互后的风险比率，可以发现慢性病的患病状况对轨迹类型与死亡风险的调节作用。

表12　老年人的失能轨迹对死亡风险的影响——慢性病状况的调节作用

变量	变量定义	风险比率	
		模型1：男性	模型2：女性

交互效应	轨迹类型#慢性病	类型 1 有慢性病	1	1
		类型 1 无慢性病	0.94	1.07
		类型 2 有慢性病	0.79*	1.40***
		类型 2 无慢性病	0.67***	1.37***
		类型 3 有慢性病	1.46***	2.84***
		类型 3 无慢性病	1.35*	2.09***

注：***$p<0.001$，**$p<0.01$，*$p<0.05$，+$p<0.1$。

模型 1 为在对慢性病状况与轨迹类型进行交互作用的情况下，男性老年人的死亡风险比率。笔者发现轨迹类型 1 无慢性病的老年人的死亡风险是轨迹类型 1 有慢性病的老年人的死亡风险的 94%，但结果并不显著。轨迹类型 2 无慢性病的老年人的死亡风险是轨迹类型 1 有慢性病的老年人的死亡风险的 67%，轨迹类型 2 有慢性病的老年人的死亡风险是轨迹类型 1 有慢性病的老年人的死亡风险的 79%。有慢性病显著增加了轨迹类型 2 老年人的死亡风险。轨迹类型 3 无慢性病的老年人的死亡风险是轨迹类型 1 有慢性病的老年人的死亡风险的 1.35 倍。轨迹类型 3 有慢性病的老年人的死亡风险是轨迹类型 1 无慢性病的老年人的死亡风险的 1.46 倍。有慢性病显著增加了轨迹类型 3 的老年人的死亡风险。

比较轨迹类型 3 对轨迹类型 1，对于无慢性病的老年人，轨迹类型对死亡风险的影响作用较强，即无慢性病的老年人的死亡风险更容易受到轨迹类型的影响。慢性病并未表现出对轨迹类型与死亡风险的调节作用。比较轨迹类型 3 与轨迹类型 2，无论有无慢性病，轨迹类型对死亡风险的都无明显的影响作用，慢性病并未表现出对轨迹类型和死亡风险的调节作用。比较轨迹类型 3 与轨迹类型 1，对于无慢性病的老年人，轨迹类型对死亡风险的影响作用较弱，即无慢性病的老年人的死亡风险不容易受到轨迹类型的影响（见图60）。这说明，轨迹类型对死亡风险的影响还依赖于老年人的慢性病状况，无慢性病弱化了轨迹类型对死亡风险的影响，从而表现出无慢性病负向调节轨迹类型与死亡风险之间的关系。但是轨迹类型1无慢性病的老人的死亡风险仍高于轨迹类型2有慢性病的老年人，轨迹类型3无慢性病的老年人的死亡风险仍高于轨迹类型1有慢性病的老年人，也就是说无慢性病降低了轨迹类型1、轨迹类型3相对于自身有慢性病的老年人的死亡风险，但并未实现轨迹类型1对轨迹类型2、轨迹类型3对轨迹类型1的劣势逆转。

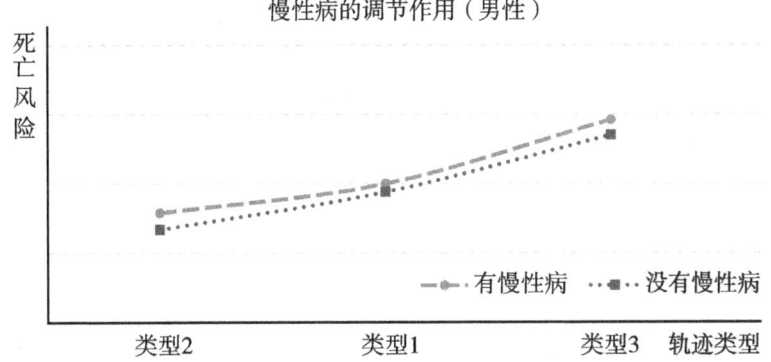

图60　男性老年人的失能轨迹对死亡风险的影响——慢性病状况的调节作用

模型2为在对慢性病状况与轨迹类型进行交互作用的情况下，女性老年人的死亡风险比率。笔者发现轨迹类型1无慢性病的老年人的死亡风险是轨迹类型1有慢性病的老年人的死亡风险的1.07倍，但结果并不显著。轨迹类型2无慢性病的老年人的死亡风险是轨迹类型1有慢性病的老年人的死亡风险的1.37倍，轨迹类型2有慢性病的老年人的死亡风险是轨迹类型1有慢性病的老年人的死亡风险的1.4倍。有慢性病显著增加了轨迹类型2的老年人的死亡风险。轨迹类型3无慢性病的老年人的死亡风险是轨迹类型1有慢性病的老年人的死亡风险的2.09倍。轨迹类型3有慢性病的老年人的死亡风险是轨迹类型1有慢性病的老年人的死亡风险的 2.84 倍。有慢性病显著增加了轨迹类型 3 的老年人的死亡风险。

比较轨迹类型 1 与轨迹类型 2，无论有无慢性病，轨迹类型对死亡风险的都无明显的影响作用，慢性病并未表现出对轨迹类型和死亡风险的调节作用（见图 61）。比较轨迹类型 3 与轨迹类型 1、轨迹类型 3 与轨迹类型 2，对于没有慢性病的老年人，轨迹类型对死亡风险的影响作用较弱，即没有慢性病的老年人的死亡风险不容易受到轨迹类型的影响。这说明，轨迹类型对死亡风险的影响还依赖于老年人的慢性病状况，没有慢性病弱化了轨迹类型对死亡风险的影响，从而表现出没有慢性病负向调节轨迹类型与死亡风险之间的关系。但是轨迹类型 2 没有慢性病的老年人的死亡风险仍高于轨迹类型 1 有慢性病的老年人，轨迹类型 3 没有慢性病的老年人的死亡风险仍高于轨迹类型 2 有慢性病的老年人，也就是说，没有慢性病降低了轨迹类型 2、轨迹类型 3 相对

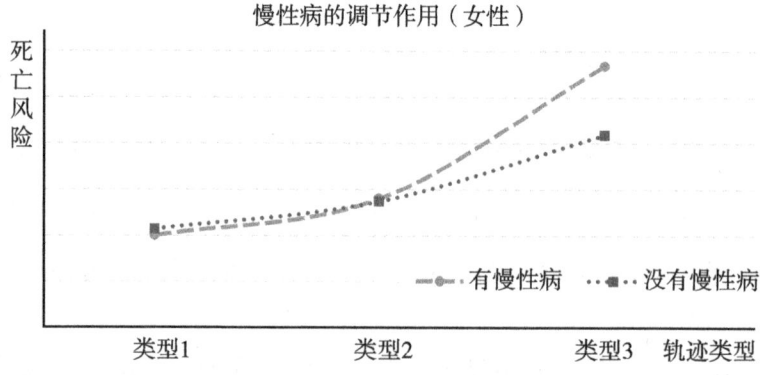

图 61　女性老年人的失能轨迹对死亡风险的影响——慢性病状况的调节作用

于自身有慢性病的老年人的死亡风险，但并未实现轨迹类型 2 对轨迹类型 1、轨迹类型 3 对轨迹类型 2 的劣势逆转。

总的来说，慢性病状况对男女两性的失能轨迹与死亡风险间的关系都表现出了调节作用。

7.3 小结

本章研究发现，对男性老年人来说，中低龄时期已经出现失能并一直迅速平稳发展的失能轨迹类型3的死亡风险最高，其次是终身不失能的轨迹类型1的老人，80岁之后的高龄期才开始出现失能并一直保持在轻度失能状态的轨迹类型2的老年人的死亡风险最低。在女性老年人中，失能起点终点最高、失能走势快的轨迹类型3的老年人死亡风险最高，80岁后开始失能的轨迹类型2的老年人死亡风险次之，终身身体健全的轨迹类型1的老年人死亡风险最低。

经济状况、患病就医状况、家人日常照料、慢性病状况对男性老人失能轨迹与死亡风险的关系起到调节作用。表现在良好的经济状况、无慢性病、有家人日常照料、老年期患病及时就医可以削弱高水平失能轨迹与死亡风险间的正向关系。经济状况、家人日常照料、子女的精神慰藉、慢性病状况、患病就医状况会对女性老人失能轨迹与死亡风险的关系起到调节作用，表现在良好的经济状况、有家人日常照料、有子女的精神慰藉、无慢性病、老年期患病及时就医可以削弱高水平失能轨迹与死亡风险间的正向关系。

具体来说，经济状况对男性轨迹类型3与其他类型的死亡风险的关系有调节作用，对女性轨迹类型3与其他类型、轨迹类型2与轨迹类型1的死亡风险的关系有调节作用。家人日常照料对男性老人轨迹类型3与轨迹类型1之间的死亡风险的关系有调节作用。有家人日常照料表现出女性轨迹类型3对轨迹类型1、轨迹类型3对轨迹类型2的死亡风险的调节作用。子女精神慰藉并未对男性老年人的轨迹类型与死亡风险的关系产生调节作用。有子女精神慰藉表现出对女性轨迹类型3对轨迹类型1、轨迹类型3对轨迹类型2的死亡风险的调节作用。就医状况负向调节男性老人轨迹类型与死亡风险之间的关系，负向调节女性轨迹类型1与轨迹2类型之间的关系。无慢性病负向调节男性轨迹类型3对轨迹类型1的死亡风险之间的调节作用。无慢性病表现出对女性轨迹类型3对轨迹类型1、轨迹类型3对轨迹类型2的死亡风险的调节作用。

第8章
结论与建议

老年人的失能问题是影响老年人生活质量的重要因素，并且以往的研究证实，失能老年人具有较高的死亡风险。本书在研究了中国老年人的失能轨迹及其性别、城乡差异的基础上，探究老年人失能轨迹类型归属的影响因素及影响因素的性别、城乡差异，并采用时间变动变量探究该类变量对失能轨迹发展趋势的预测作用。最终分析老年人的失能轨迹对死亡风险的预测作用及老年期的各种因素对老年人的失能轨迹与死亡风险的调节作用，得出了一系列有针对性的结论。

8.1 结论

（1）我国老年人的失能轨迹分成三种类型："身体健全型""低起点高龄期迅速发展型""较高起点迅速发展型"。"身体健全型"老人的自理能力不随年龄增长而下降。"低起点高龄期迅速发展型"老人在 80 岁之前自理能力完好，在进入高龄期后自理能力迅速下降。"较高起点迅速发展型"老人在 65 岁时就具有较高的失能水平，之后一直较快发展。从死亡的选择作用上考虑，生命早期经历过恶劣事件却存活下来的老人，其晚年时期反而具有健康上的优势。"身体健全型"老人经历了生命早期资源短缺的困境存活下来，同时，常年从事体力劳动，慢性病患病率较低，因此晚年丧失自理能力的概率反而较低。"低起点高龄期迅速发展型"老年人各个方面的资源占有均处于优势地位，资源占有上的优势提升了其自理能力，但较高的慢性病患病率导致其在高龄期开始失能。"较高起点迅速发展型"老年人多数童年资源占有充足，使之摆脱了死亡的选择作用，但却难以改变健康状况上的天然劣势，加之晚年又要面对经济状况与医疗条件较差、丧偶、有慢性病的恶劣境况，失能轨迹最高。

（2）老年人的失能轨迹的起点终点与走势不存在显著的性别差异，但女性老人归属于"身体健全型"轨迹的比例较低，归属于"低起点高龄期迅速发展型""较高起点迅速发展型"的比例较高。从社会层面来看，女性老年人所拥有的家庭和社会资源的占有和支配权普遍低于男性，造成生存条件差、医疗卫生资源匮乏、照料资源不足的恶劣境遇。在这种情况下，女性老年人面临十分艰苦的局面。同时，配偶是老年人在子女之外的照料服务的另一重要来源，但"夫长妻少"的传统婚配模式和女性较高的预期寿命使得女性老年人丧偶的比例远远高于男性老年人，女性老年人从配偶处获得照料和支持的可能性大大下降。在社会照料资源的获取方面，男性老年人由于更好的经济状况，社会照料服务的稳定性更佳。因此女性老年人失能后将面临较男性老年人更为复杂和困难的局面，失能女性老年人问题的解决应该是破解失能老年人照料问题的重要环节。忽略女性老年人群所具有的人口、社会、经济和健康特质，将会导致失能老年人问题的相关政策和措施的性别盲视，降低政策的实施效果。

（3）城乡老年人的失能轨迹存在显著的差异。城镇老人的自理能力比乡村老人差，表现在归属于"身体健全型"轨迹的比例较低，归属于"低起点高龄期迅速发展型""较高起点迅速发展型"轨迹的比例较高，同时，虽然"身体健全型"与"低起点高龄期迅速发展型"轨迹的走势基本一致，但"较高起点迅速发展型"轨迹的走势快于乡村老人。城镇地区具有较好的医疗卫生条件和社会经济发展水平，但是可致残的慢性病的患病率却更高。虽然良好的社会经济发展水平可以提升居民的健康水平，但较高的社会经济发展水平也成为培育了各类慢性病、职业病、环境污染等不利因素的土壤。同时，良好的医疗卫生条件使城镇老年人可以带残存活到较高年龄，造成城镇老年人长寿却不健康的社会现状。如何使城镇老年人既长寿又能活得健康成为更为重要的议题。与之相反的是，乡村老年人虽然自理能力较好，但由于受教育程度、职业地位、经济状况以及医疗卫生条件的限制，死亡风险更高。调查时较低的失能水平可能是经过了死亡的选择作用产生的结果。如何降低死亡风险、延长预期寿命是乡村老人最迫切的需求。

（4）性别、民族、居住地、受教育程度、职业、左利手显著影响总体老年人失能轨迹的类型归属。女性、汉族、左利手、城镇、非文盲、从事较高社会地位的职业的老人更容易属于失能水平高、失能走势快的失能轨迹。笔者发现，失能风险在具备一定受教育程度、从事较高社会地位的职业的老年人中出现了扩张。职业的差别使这类老年人更易患上慢性病，造成自理能力的下降。

分性别与城乡来看，职业类型显著影响城镇男性的轨迹类型归属。受教育程度显著影响城镇女性的轨迹类型归属。职业与60岁时的就医状况显著影响乡村男性的轨迹类型归属。左利手对于乡村女性的轨迹类型归属有显著影响。笔者发现，受教育程度或职业对城镇男性、城镇女性、乡村男性影响显著，但由于乡村女性受教育程度、职业地位普遍较低，教育或职业对乡村女性没有显著影响。乡村女性的受教育程度与社会地位亟待提高。同时，即将进入老年期时的就医状况只对乡村男性老年人的轨迹类型归属表现出显著的影响，可见提升患病就医的及时性对乡村男性老年人尤其重要。乡村男性老年人的乡村医疗卫生条件较差与男性更容易患中风、心血管病等严重的慢性病这两大劣势，患病能否及时就医关系到其健康状况的走势。分性别、城乡进行检验时，左利手只对乡村女性老年人有显著影响。左利手未对城镇男性老年人、城镇女性老年人、乡村男性老年人的失能轨迹类型归属表现出显著的影响，可能是因为本次调查以乡村女性老年人居多，其他类型老年人样本量不足所以未表现出明显的影响。左利手是否可能对其他类型人群的自理能力产生不利的影响还有待检验。

（5）有无慢性病、有无孤独感、经济状况、老年期就医状况、超重、营养不良、有无子女的经济支持、有无子女的精神慰藉、家人日常照料状况显著影响非"身体健全型"轨迹的发展形态，对"身体健全型"来说，上述方面对其轨迹的走势没有太大的影响。而婚姻状况、老人给子女经济支持对失能轨迹的发展形态没有明显的预测作用。

有无慢性病对"低起点高龄期迅速发展型"和"较高起点迅速发展型"影响很大。老年人一旦有严重的慢性病，就容易出现失能，并加速失能的发展；孤独感会加速"低起点高龄期迅速发展型"和"较高起点迅速发展型"失能轨迹的走势。与没有孤独感的老年人相比，有孤独感的老年人失能更严重。消除或减轻老年人的孤独感对于延缓老年人失能的走势、降低失能的严重程度有着重要意义；患病及时就医对"低起点高龄期迅速发展型"和"较高起点迅速发展型"有着至关重要的影响。若患病能够及时就医，则可以推迟失能的发生，延缓失能的走势发展；经济状况对"低起点高龄期迅速发展型"和"较高起点迅速发展型"影响较大。在良好的经济状况下，老年人可以获得足够的医疗保健和照料资源，从而推迟失能的发生，延缓失能的走势发展；超重与营养不良会加速"低起点高龄期迅速发展型"和

"较高起点迅速发展型"失能轨迹的走势发展。超重的老年人普遍血脂较高，更易得糖尿病、心脏病、高血压等慢性病，因此更容易发生失能并迅速发展。营养不良的老年人机体能力下降更快，患各类慢性病的概率更高，对其自理能力也会产生不利影响；没有子女的精神慰藉对"身体健全型"和"低起点高龄期迅速发展型"影响不大，但会加速"较高起点迅速发展型"的失能轨迹的走势。与有子女的精神慰藉的老年人相比，无子女精神慰藉的"较高起点迅速发展型"老年人失能更严重，可见子女的精神慰藉对自理能力最差的老年人有正向的支持作用；子女经济支持对"身体健全型"和"低起点高龄期迅速发展型"影响不大，有子女经济支持的"较高起点迅速发展型"老年人失能发展更快、程度更严重。尽管子女的经济支持可能会对老年人暂时的经济状况起到提升作用，但从生命历程的角度看，晚年的经济支持无法改变终身经济状况较差造成的劣势累积。而自理能力最差的轨迹类型3的老人是最易受经济状况影响的一类，因此累积劣势最严重，自理能力最易受到损伤。对于可能走上轨迹类型3的老人，要注重提高其年老期前获取资源的能力，不能任其年老时消极接受子女的经济支持，接受经济支持对其维持自理能力并无太大的作用；没有家人的日常照料对"身体健全型"影响不大，但会加速另外两种失能轨迹的走势发展。与有家人日常照料的老年人相比，无家人日常照料的老年人失能更严重。家人的日常照料更方便易得，一定程度上能填补老年人心灵上的缺失。发展社会养老服务的同时，不能忽略家庭这一最基本的养老资源。

（6）对男性老年人来说，中低龄时期已经出现失能并一直迅速平稳发展的失能轨迹类型3的死亡风险最高，其次是终身不失能的轨迹类型1，80岁之后的高龄期才开始出现失能并一直保持在轻度失能状态的类型2的死亡风险最低。在女性老年人中，失能起终点最高、失能走势快的轨迹类型3的死亡风险最高，80岁后开始失能的轨迹类型 2 的死亡风险次之，终身身体健全的轨迹类型 1 的死亡风险最低。

（7）经济状况、有无家人日常照料、就医状况、有无慢性病状况对男性老人失能轨迹与死亡风险的关系起到调节作用。表现在良好的经济状况、有家人日常照料、无慢性病、老年期患病及时就医可以削弱高水平失能轨迹与死亡风险间的正向关系。经济状况、有无家人日常照料、有无子女的精神慰藉、有无慢性病、老年期的患病就医状况会对女性老人失能轨迹与死亡风险的关系起到调节作用，表现在良好的经济状况、有家人日常照料、有子女的精神慰藉、无慢性病、老年期患病及时就医可以削弱高水平失能轨迹与死亡风险间的正向关系。

8.2 对策建议

（1）根据对失能轨迹的性别差异的分析发现，与男性老年人相比，女性老年人走上自理能力不健全的轨迹的概率更高。由于传统的性别歧视与"男主外女主内"的社会性别分工，女性老年人往往受教育程度较低、外出工作的机会较少，故而女性老人经济状况较差、更多地依赖家庭成员的经济支持。同时，女性老人面临丧偶率更高等较男性老人更为复杂和困难的局面，解决女性老年人问题是破解老年人问题的重中之重。要抓住女性老年人群所特有的人口、社会、经济和健康特质，采用性别视角制定相关政策和措施。国家应加强对女性老年人的经济帮扶力度，缓解家庭成员的经济负担。消除就业领域的性别歧视，确保女性老年人拥有良好的经济条件。女性老人的家人要肯定女性老人对家庭的贡献，尊重女性老人家庭照料者的角色，同时用自己的实际行动为其降低劳动强度、缓解心理压力。

（2）乡村老年人自理能力好于城镇老年人，但死亡风险高于城镇老年人，在很大程度上是因为乡村医疗卫生资源配置不完备、医疗保障水平不发达、医疗保健知识匮乏，使得众多乡村老年人由于不能及时获得完善的医疗服务从而略过失能阶段直接死亡。目前我国乡村的社会经济发展水平、医疗水平、医疗服务可及性都远远落后于城镇，广大乡村地区的群众基本医疗卫生服务需求难以满足。尽管近些年情况有所改善，但卫生资源配置上仍存在重城镇轻乡村的格局。城乡之间医疗卫生资源的配置与使用上的巨大差异进一步加深了城乡居民健康状况上的差距。建议增加对卫生领域的资源配置，加强乡村地区医疗卫生资源的投入力度，提高乡村卫生资源的使用效率，完善乡村的医护设施，提高乡村医护人员的专业素质，改善卫生人力资源缺口。同时在乡村普及基本的医疗保健知识，健全预防保健机制，提高乡村居民的就医与保健意识。

另外，乡村男性老人医疗卫生服务可及性不如城镇老人，就医与保健意识不如女性老人，且更容易患中风、心脑血管病等容易致死致残的严重慢性病，因此即将进入老年期时的就医状况对乡村男性老年人的失能轨迹的类型归属尤为重要。要着重提升乡村男性老人的医疗保健意识，为其创造良好的就医条件。家人也要加强对自家老人健康状况的关注，尤其是乡村男性老人在进入老年期前就要做好体检，出现病症要及时治疗。

（3）失能风险在具备一定受教育程度、从事较高社会地位的职业的老年人中出现了扩张，尤其是在城镇地区与乡村男性老年人中。城镇地区具有较好的医疗卫生条件和社会经济发展水平，但是可致残的慢性病的患病率却更高，各类慢性病、职业病等不利因素在城镇地区日益普遍，导致城镇老人自理能力下降。城市医疗条件和生活水平的改善使较不健康的老年人存活率提高，不少按以前的医疗和生活条件可能已死亡的老年人被"救"(曾毅等,2017)。然而这部分老年人面临着身体功能迅速下降的不利局面。职业地位较高的乡村男性老人也同样面临这种困境。城镇老年人和职业地位较高的乡村男性老人应改变生活方式,加强体育锻炼,降低慢性病患病率,以维持良好的自理能力。

(4)左利手不利于老年人自理能力的维持,且更多地对乡村女性老人有显著影响。左利手可能是遗传方面的原因,也可能是后天养成的生活习惯。一方面要进行遗传生物学方面的研究,减少先天左利手的发生,另一方面加强对幼年左利手的排查,在早期积极进行矫正。同时要增加对左利手老人尤其是乡村女性左利手老人健康状况的关注,定期为其安排体检。另外,左利手老人难以自理可能是由于目前的生活设施主要是为右利手老人准备的,左利手老人使用起来很不方便。因此,对于难以矫正的老年人,要研发适合他们使用的工具、器械等,最大限度地便利他们的生活,降低因为生活器具不便利造成的失能。

(5)患慢性病会加剧老年人失能轨迹的发展进程且提升死亡风险。超重的老年人患各种心脑血管疾病的概率大大高于体重正常的老年人,营养不良的老年人则容易患消化系统疾病、癌症等各类慢性病,会显著降低其机体活动能力从而影响到自理能力。建议老年人多参加体育锻炼和社交活动,戒烟限酒,严格控制体重,养成良好的生活方式,降低慢性病的患病率。社区一方面要定期开展健康教育的讲座,为老年人提供运动和健身活动的场所;另一方面完善已有的医疗配套设施,拓宽与社区周边医疗机构的合作方式,整合引进更优质的医疗卫生资源,便利社区内的老年人就近就医。

(6)不良的经济状况会加剧老年人失能轨迹的发展进程且提升死亡风险。老年人不仅在经济上比中青年人更为窘迫,而且丧偶率和失能率更高、对照护的需求度更高。国家应加强对老年人尤其是经济困难的老年人的经济支持，增强其自我保健和就医能力，另外，在购买社区服务、入住养老机构等项目上也要给予一定程度的优惠。针对失能老年人给家庭和社会带来沉重的经济负担的问题，国家应该进一步拓展现有的福利救助式长期照护体系的受益人群，将独居、高龄、低保老年人逐步纳入政策覆盖人群的范围，通过"现金+服务"的方式来解决这部分老年人的养老需求。另外，拓宽照护保障资金来源。为了降低老年人社会照料成本过高，医疗保障难以进入的问题，建议将日常照料和专业护理内容做进一步的划分，在提高护理服务专业化和规范化的同时，通过避免护理服务滥用现象有效控制护理费用的开支，增加医疗保障金进入的可能性。同时也需要探索性地建立长期护理保险制度，为失能老年人的照料提供专项的保障资金。

同时，本书通过研究发现，有子女经济支持的"较高起点迅速发展型"老年人失能发展更快、程度更严重。可见，年老时子女薄弱的经济支持对提升健康状况最差的那部分老年人的自理能力所能起到的作用有限。对于可能走上较严重的失能轨迹的老人，要注重提高其年老期前的获取资源的能力，减少劣势累积，不能任其年老时消极接受子女的经济支持，接受经济支持对其维持自理能力并无太大的作用。

（7）孤独感会加剧老年人失能轨迹的走势，子女的精神慰藉可以降低老年人失能轨迹的走势与死亡风险，并对女性老人的失能轨迹与死亡风险之间的关系起到调节作用。老人的家人及所处的社区要重视为老人提供精神慰藉。精神慰藉更多的是一种感情上的关怀，不是给予经济支持和日常照料就能替代的。家人要多与老人进行交流，在不能常见面的情况下可以通过电话、短信、视频等方式进行。智慧养老的技术手段在解决这个问题上有很大的发挥空间。2020年5月22日，国务院总理李克强代表国务院向十三届全国人大三次会议做政府工作报告，强调加强和创新社会治理，保障老年人的合法权益。作为一种新型的养老模式，智慧养老为解决社会养老服务的困境提供了一种新的思路，为加强老龄社会治理提供了新的路径。智慧养老是指利用信息技术等现代科学技术（如互联网、社交网、物联网、移动计算等），围绕老人的生活起居、安全保障、医疗卫生、保健康复、娱乐休闲、学习分享等各方面支持老年人的生活服务和管理，对涉老信息自动监测、预警甚至主动处理，实现技术与老年人的友好、自主式、个性化智能交互。应转变观念，深化对智能养老的认识，普及信息技术，提高老年人对信息社会的适应性，加强智慧养老服务团队建设，依靠现代信息技术手段为老年人提供精神慰藉、降低老年人的孤独感。

同时，随着居民对精神文化生活、身体健康要求的提高，便于居民集中消遣、娱乐、锻炼的居民活动室、运动健身场地的建设也越来越不容忽视。然而，目前这一类设施的建设相对不足，居民很难就近找到满意的健身娱乐的场所。社区应贯彻"一刻钟生活圈"的理念，加强健身、娱乐场所与设施的建设，为居民就近创造更多的精神文化交流、娱乐的机会。老年人要发挥主观能动性，注重挖掘与培养自己的兴趣爱好，积极融入社区群体，树立自立、自强的意识，克服畏难心态，不能消极地将自己屏蔽在外。对于由于自身健康状况较差无法主动参与活动的老人，社区应组织工作人员或志愿者上门接送，让这部分失能老年人也能参与到活动中来。同时应完善社区无障碍设施，建设老年友好宜居环境，降低老年人出行的难度，让老年人最大限度地参与其中。近些年，我国在建设老年宜居环境事业上已经取得了长足的进步。从中央到地方不断出台养老政策，均给予了老龄事业更多的关注。2020年7月15日，9部委联合印发的《关于加快实施老年人居家适老化改造工程的指导意见》，明确年底前，推进符合条件的特殊困难老年人家庭实施居家适老化改造，不仅体现出政府对老年群体的重视，更体现出全社会在养老观念上的进步。政府和社会大众开始意识到，养老并不局限于经济支持、日常照料，应从方方面面令老年人生活得更安全、更舒适、更便利。未来在各行各业中，都应秉持这种理念，把这种理念有机融入政策制定、建筑规划、技术更新、生活服务中去。

（8）老年期的就医状况对老年人的失能轨迹的走势影响显著，且在降低老年人的死亡风险上起着重要的作用，并对老人的失能轨迹与死亡风险之间的关系起到调节作用。如果老年期的就医状况良好，就会在很大程度上缓解失能的走势，降低死亡风险。因此，老年人要加强保健意识，在即将或已经进入老年期的时候，勤体检，及时排查，以防患于未然。出现病症后不能讳疾忌医，盲目无视。另外，我国的医疗保障制度还很不完善，面向全体人群的"低水平、广覆盖"的基本原则没有考虑到不同阶层、不同年龄、不同健康状况人群的需要。而老年人群恰好是经济水平低、健康状况差、医疗费用支出大的特殊群体，普适性的医疗保障制度远不能满足老年人的医疗需求，也无法解决老年人因病致贫、因贫看不起病的问题。国家应加强对经济困难老人的扶持，完善医疗保障制度，在保障水平上对老年人适度倾斜，解决老年人看不起病的难题。

（9）家人的日常照料有利于维持老年人的自理能力、降低死亡风险，并对女性老人的失能轨迹与死亡风险之间的关系起到调节作用。尽管当前家庭照料功能弱化，但家庭仍是照料的主体，不能忽略家庭的养老功能。然而，沉重的照料负担往往使老年人的家人不堪重负，其提供的照料也未能满足失能老人的需求。因此，打破社会化长期照料单纯依靠养老机构的固有模式，落实社会化的居家和社区养老模式，将家庭养老与社会养老相结合，发展完善居家养老服务就成为解决老年人照料问题的重点。

为此，本书建议在以下6个方面做出改进：一、针对失能老年人的家庭照料者在提供专业护理服务方面不足的问题，应该推动社会力量和志愿服务组织的进入，加强对居家照料者的专业培训。二、推动医养结合养老方式的发展，大力建设和发展护理机构，搭建医院的急性护理与社区和家庭日常照顾之间转接平台，使之发展成为针对失能人群的专业长期照护服务机构。三、通过政府购买定向服务，强化对长期照料服务产业的资金支持。对失能老年人以及其他需要关注人群的照料问题的资金支持和补贴落实到政府购买服务层面，由政府直接出资或者提供补贴，由协定的几家相关服务组织提供综合性的照料或者专业护理服务，对通过相关审核的老年人提供指定内容的服务，以此提高对长期照料服务的有效需求，进而刺激产业的发展。四、成立相关产业协会组织和制定相关组织经营管理办法，对行业的服务方式、服务内容、从业人员的资质认定、职称评定以及信用管理等制定相应的管理和考核细则，推动行业组织的自我管理和自我发展。五、针对核心城区在机构养老和社区、居家养老发展中存在的养老机构难以扩张，社区托老所和居家养老服务中心利用率低，老年人对上门护理和综合照料服务需求旺盛的多重矛盾，建议将专业的养老机构的服务向社区延伸，将服务地点扩展到社区托老所或居家养老服务中心，为有需要的老年人提供上门护理服务和中、短期的喘息式服务。另外，也以现有的养老服务组织的管理和运行经验为基础，依托既有的养老服务机构逐步发展出新型的养老服务组织。六、构建并完善社区养老服务信息平台，为老年人提供方便实用的信息服务，满足社区老年人的生活照料、医疗保健等方面的服务需求。通过信息平台对养老服务的开发商和服务商加强监管。社区养老服务平台建设要与其他养老服务信息系统相衔接，促进各类服务系统的协调整合，增强服务资源、服务记录、服务对象、护理人员等信息的监管与共享。

（10）低龄期就出现失能的老年人的死亡风险最高，这部分老人的身体机能下降最为迅速。需要为这部分老人提供更多的社会资源，如照料帮助、经济扶持、医疗保健服务，积极防治慢性病，在轻度失能出现初期立即进行康复护理；"低起点高龄期迅速发展型"的老人在80～100岁时一直处于轻度失能（不能自己洗澡、如厕）的状态，百岁以后才开始中度失能。应为其创造便捷的洗澡、如厕环境与设施，降低日常活动对生理和体能的要求，严格防范慢性病的发生与发展。"身体健全型"的男性老人可能也具有较高的死亡风险，因为男性老人容易患中风、脑血栓等严重危及生命的疾病，这类疾病可能不会致残而是直接导致死亡。对这类男性老人也不能掉以轻心，要严格防控慢性病的发生与发展，勤体检、及时送医。

（11）不同失能轨迹类型的老人出现失能的时间以及失能的发展速度不一，为合理安排与最大化利用照护服务资源，延缓失能的发生发展，对不同失能轨迹类型的老人在不同的时点要采取不同的应对措施。参照世界卫生组织在《关于老龄化与健康的全球报告》中对生命过程中各个公共卫生行动时机的划分，本书划分了不同的轨迹类型在不同的时点应采取的公共卫生行动。需要说明的是，轨迹类型的划分不代表每个老年人的失能发展历程，且上述行动时点的划分并不严格，只代表大致的行动重点。

"身体健全型"的老人随年龄的增长自理能力基本都能保持完好。因此这部分老人大部分时间应用于保持或加强其自理能力的建设，预防或控制慢性病的发生发展。具体的行动项目及时点规划如图62所示。在时点1的区域范围内支持其加强自理能力的行为，比如从事体力劳动或体育锻炼、保持良好的生活方式。在时点2较小范围内适当为有需要的人群提供长期照料服务。在年纪较高自理能力可能出现下降的3与4的时点范围内强化其加强能力的行为，并采用替代的方式补偿他们失去的能力，消除参与活动的障碍。时点 5 的区域范围也就是绝大部分老年期应致力于预防控制慢性病的发生发展。时点 6 的范围内可采用康复护理等手段保持或延缓能力的衰退。由于"身体健全型"的老人较多地从事体力劳动，慢性病发生率不高且发展缓慢，因此基本不存在管理严重的慢性病这一环节。

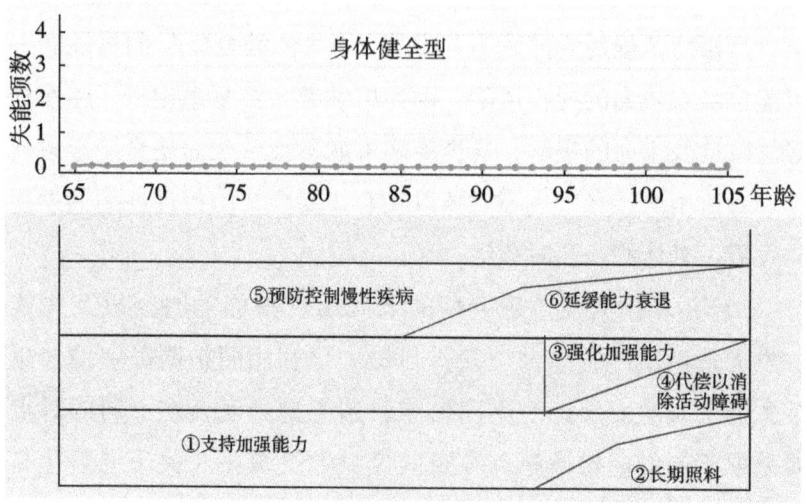

图 62 "身体健全型"老年人的公共卫生行动时点

"低起点高龄期迅速发展型"的老人在 80~100 岁时一直处于轻度失能的状态，百岁以后才开始中度失能。虽然自理能力下降并不严重，但与"身体健全型"相比，需采取的行动都应有所提前。具体规划如图 63 所示。在时点 1 的范围内支持其加强能力的行为，中后期出现失能的时候即时点 2 的范围内提供长期照料，确保其有尊严地生活。在进入高龄后时点 3 与时点 4 的范围内强化其加强能力的行为，同时采用替代的方式补偿他们失去的能力。以往研究发现，宜居环境和辅助设施对改善洗澡、如厕这种轻度失能活动有明显的作用（Bradley 等，2011），对这部分大多数时间都处于轻度失能的老人需借助社会和科技发展的力量，为他们创造一个便捷的生活环境与便利的辅助设施，降低日常活动对生理和体能的要求。在时点5的范围内即中低龄时期致力于预防控制慢性病的发生发展，时点6即高龄时期致力于康复护理等活动以延缓能力的衰退，时点7即高龄、超高龄时期管理严重的慢性疾病。

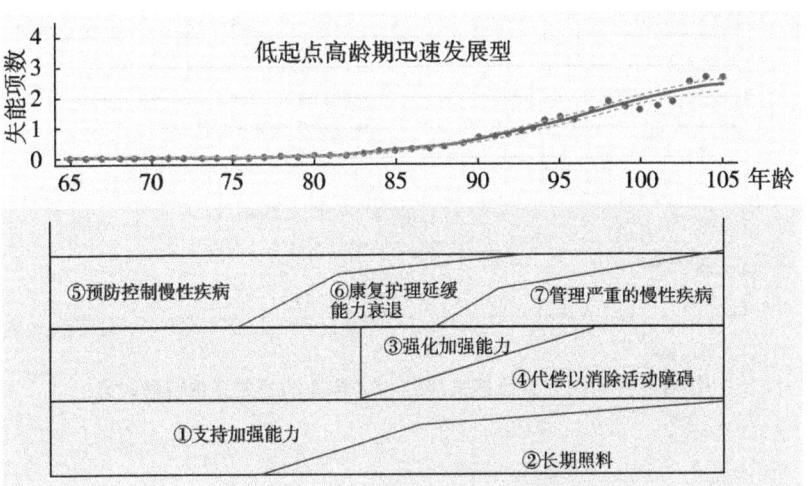

图63　"低起点高龄期迅速发展型"老年人的公共卫生行动时点

"较高起点迅速发展型"的老人资源占有较少，并且本身的健康状况就不占优势，所以失能最早、水平最高。该部分老人65岁之前就已出现接近一项失能，80岁之后转向中重度失能。该类型的老人在经济、医疗等资源的占有及慢性病患病上具有较大的劣势，应为这部分老人提供更多的照料帮助、经济扶持、医疗保健服务，积极防治慢性疾病，推迟其失能的发生。从时点划分上说，各方面的规划相对于"低起点高龄期迅速发展型"又有所提前，长期照料与管理严重的慢性病的时间大大扩张。具体规划如图64所示。时点1的范围内可以强化其加强能力的行为，时点2提供长期照料服务，确保其有尊严地生活。时点3采用替代的方式补偿他们失去的能力。时点4致力于控制慢性疾病的发生与发展，时点5进行康复护理保持或延缓能力的衰退，时点6管理严重的慢性疾病。

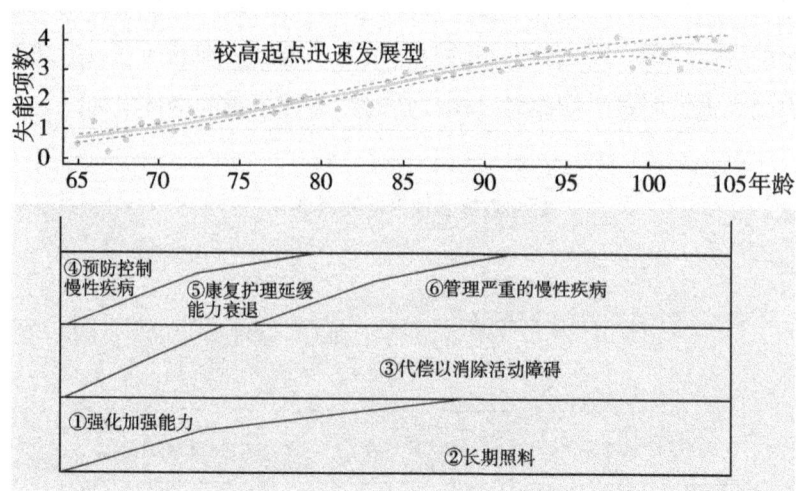

图64 "较高起点迅速发展型"老年人的公共卫生行动时点

参考文献

(一) 中文文献

[1] 毕秋灵. 中国成年人健康的分层研究 [M]. 北京: 社会科学文献出版社, 2011.

[2] 陈静, 等. 肌肉骨骼疾患疼痛对病人日常生活能力的影响 [J]. 环境与职业医学, 2003 (6): 433 - 435.

[3] 陈立新, 姚远. 社会支持对老年人心理健康影响的研究 [J]. 人口研究, 2005 (4): 73 - 78.

[4] 曹文君. 健康促进行为与健康危险因素的潜变量分析及其应用 [D]. 西安: 第四军医大学, 2012.

[5] 陈斌. 我国人口老龄化趋势及其影响 [Z/OL]. http://www.sic.gov.cn/News/455/5900.htm, 2016 - 01 - 22.

[6] 戴卫东, 等. 安徽省老年慢性病状况与日常生活功能受损的关系 [J]. 中国卫生事业管理, 2011 (7): 536 - 539.

[7] 樊映川, 等. 四川省贫困白内障复明手术后患者视功能状况调查分析 [J]. 国际眼科杂志, 2008 (4): 736 - 738.

[8] 谷琳. 我国老年人日常生活自理健康预期寿命的差异性分析 [J]. 市场与人口分析, 2006 (5): 42 - 49.

[9] 顾大男, 等. 生物标记与中国老年人口健康长寿的关系研究——以左利手标记为例 [J]. 中国人口科学, 2008 (4): 37 - 43 + 95.

［10］国家统计局．中国2019年年度数据资料［Z/OL］．http：//data. stats. gov. cn/easyquery. htm？cn＝C01.

［11］惠蓉，等．我国老年人健康状况评价［J］．实用护理杂志，2002（7）：57－58.

［12］何颖，等．社区老年糖尿病患者生活自理能力现状及其影响因素分析［J］．哈尔滨医药，2013（4）：255－257.

［13］黄洁萍．社会经济地位对健康的影响机理分析［M］．北京：经济科学出版社，2014.

［14］胡晓茜，高奇隆，赵灿，等．中国高龄老人失能发展轨迹及死亡轨迹［J］．人口研究，2019，43（5）：43－53.

［15］贾云竹．中国老年妇女的经济地位状况分析［J］．浙江学刊，2007（1）：207－213.

［16］焦开山．中国老人生活自理能力与死亡风险的关系研究［J］．医学与哲学（人文社会医学版），2009（7）：33－35.

［17］焦开山．丧偶对中国老人死亡风险的影响——年龄组差异及其健康因素的作用［J］．人口学刊，2010（6）：9－13.

［18］姜向群，郑研辉．中国老年人的主要生活来源及其经济保障问题分析［J］．人口学刊，2013（2）：42－48.

［19］江西民政网．三部门发布第四次中国城乡老年人生活状况抽样调查成果［EB/OL］．http：//www. jxmzw. gov. cn/system/2016/10/11/015265607. shtml，2016－10－11.

［20］刘慧侠．转型期中国经济增长中的健康不平等研究［M］．北京：中国经济出版社，2011.

［21］潘跃．建立失能老人护理津贴制［Z/OL］．http：//society. people. com. cn/n/2013/0311/c1008－20744159. html，2013－03－11.

［22］蒲虹彬，董碧蓉．老年相关疾病与营养不良［J］．肠外与肠内营养，2013，20（2）：123－125＋128.

[23] 祁华金．中国农村老年人慢病情况及其对日常生活能力的影响研究［D］．山东：山东大学，2014．

[24] 宋新明，陈功．高龄老人慢性躯体疾病和认知能力对日常生活自理能力的影响［J］．中国人口科学，2001（S1）：42－47．

[25] 宋璐，李树茁．代际交换对中国农村老年人健康状况的影响：基于性别差异的纵向研究［J］．妇女研究论丛，2006（4）：14－20＋46．

[26] 陶裕春．失能老年人长期照护研究［M］．南昌：江西人民出版社，2013．

[27] 王梅．老年人的慢性病与生活自理能力［J］．老年学杂志，1993（5）：273－275．

[28] 王树新，曾宪新．中国高龄老人自理能力的性别差异［J］．中国人口科学，2001（S1）：48－52．

[29] 王思斌．社会转型中的弱势群体［J］．中国党政干部论坛，2002（3）：18－21．

[30] 王德文，等．高龄老人日常生活自理能力及其影响因素［J］．中国人口科学，2004（S1）：93－97＋177．

[31] 王德文，叶文振．中国老年人健康状况的性别差异及其影响因素［J］．妇女研究论丛，2006（4）：21－26．

[32] 王登峰，崔红．中国人性别角色量表的建构及其与心理社会适应的关系［J］．西南大学学报（社会科学版），2007，33（4）：1－9．

[33] 巫锡炜．中国高龄老人残障发展轨迹的类型：组基发展建模的一个应用［J］．人口研究，2009（4）：54－67．

[34] 王俊．老年人健康的跨学科研究——从自然科学到社会科学［M］．北京：北京大学出版社，2011．

[35] 威廉·考克汉姆．医学社会学［M］．北京：中国人民大学出版社，2012．

［36］王卓群．中国老年人群低体重营养不良发生率及20年变化趋势［J］．疾病监测，2014（6）：477－480．

［37］位秀平，吴瑞君．中国老年人的躯体功能对死亡风险的影响［J］．人口与经济，2015（2）：52－59．

［38］伍小兰，刘吉．中国老年人生活自理能力发展轨迹研究［J］．人口学刊，2018，40（4）：59－71．

［39］徐勤，顾大男．中国城乡高龄老人健康及死亡状况特征的比较研究［J］．中国人口科学，2001（S1）：15－19．

［40］游允中，郑晓瑛．中国人口的死亡和健康［M］．北京：北京大学出版社，2005．

［41］尹德挺．老年人日常生活自理能力的作用机理研究［J］．人口与经济，2007（4）：59－62．

［42］尹尚菁，刘朝明．老年人慢性病患病状况及对日常生活的影响［J］．中国社会医学杂志，2011（4）：257－259．

［43］杨胜慧，等．中国老年人口的自理预期寿命变动——社会性别视角下的差异分析［J］．南方人口，2012（6）：31－40．

［44］周云，任强．中国直系亲属之间的寿命关系探讨［J］．中国人口科学，2001（S1）：24－26．

［45］张震．家庭代际支持对中国高龄老人死亡率的影响研究［J］．人口研究，2002（5）：55－62．

［46］张文娟，李树茁，胡平．农村老年人日常生活自理能力的性别差异研究［J］．人口与经济，2003（4）：75－80＋43．

［47］曾毅，柳玉芝，张纯元，等．健康长寿影响因素分析［M］．北京：北京大学出版社，2004．

［48］曾宪新．社会经济地位对我国老年人死亡风险的影响［J］．人口与经济，2007（5）：50－55．

［49］中国社会新闻出版总社．中国失能老年人问题的解决之道［Z/OL］．http：//cbzs.mca.gov.cn/article/zgshdk/zbtj/200805/

20080500015255. shtml，2008 - 04 - 16.

[50] 朱莉华，曹乾，王健. 居民健康与卫生保健及医疗服务的可及性关系——基于 CHNS 2006 年数据的实证研究 [J]. 经济研究导刊，2009（13）：205 - 207.

[51] 曾淑萍. 社会性别视角下妇女婚姻家庭地位研究——以湖南省为例 [D]. 湖南：中山大学，2012.

[52] 仲亚琴，等. 中国农村老年人自评健康和日常活动能力的性别差异 [J]. 医学与哲学（A），2014，35（02）：37 - 39.

[53] 张文娟，魏蒙. 城市老年人的机构养老意愿及影响因素研究——以北京市西城区为例 [J]. 人口与经济，2014（6）：22 - 34.

[54] 曾毅，顾大男，Jama Purser，等. 社会、经济与环境因素对老年健康和死亡的影响——基于中国 22 省份的抽样调查 [J]. 中国卫生政策研究，2014（6）：53 - 62.

[55] 张文娟，魏蒙. 中国老年人的失能水平到底有多高？——多个数据来源的比较 [J]. 人口研究，2015，39（3）：34 - 47.

[56] 曾毅，冯秋石，等. 中国高龄老人健康状况和死亡率变动趋势 [J]. 人口研究，2017，41（4）：22 - 32.

[57] 张文娟，王东京. 中国老年人临终前生活自理能力的衰退轨迹 [J]. 人口学刊，2020，42（1）：70 - 84.

（二）英文文献

[1] Bell A G. The Duration of Life and Conditions Associated with Longevity. a Study of Hyde Genealogy [M]. Washington：Genealogical Records Office，1918.

[2] Bartali B，Frongillo E A，Bandinelli S，et al. Low Nutrient Intake is an Essential Component of Frailty in Older Presons [J].

Gerontol A Bio Sci Med Sci, 2006, 61 (4): 589 – 593.

[3] Beal C. Loneliness in older women: a review of the literature [J]. Issues in Mental Health Nursing, 2006, 27 (7): 795 – 813.

[4] Bradley S M, Hernandez C R. Geriatric assistive devices [J]. American Family Physician, 2011, 84 (4): 405 – 411.

[5] Coren S, Halpern D F. Left – Handedness: a Marker for Decreased Survival Fitness [J]. Psychological Bulletin, 1991, 109 (1): 90 – 106.

[6] Cathy K, Louise J. Malnutrition in acute care patients: A narrative review [J]. International Journal of Nursing Studies, 2007, 44 (6): 1036 – 1054.

[7] Fried L P, Herdman S J, Kuhn K E, Rubin G, Turano K. Preclinical Disability: Hypotheses About the Bottom of the Iceberg [J]. Journal of Aging and Health, 1991, 3 (2): 285 – 300.

[8] Ferrucci L, Guralnik J M., Simonsick E, Salive M E, Corti C, Langlois J. Progressive versus catastrophic disability: A longitudinal view of the disablement process [J]. The Journals of Gerontology Series A: Biological, 1996, 51 (3): 123 – 130.

[9] Goldman. Marital status and health among the elderly [J]. Social Science and Medicine, 1995, 40 (2): 1717 – 1730.

[10] Katz S, Ford A B, Moskowitz RW, Jackson B A, Jaffe M W. Studies of Illness in the Aged: The Index of ADL: A Standardized Measure of Biological and Psychosocial Function [J]. JAMA The Journal of the American Medical Association, 1963, 185 (12): 914 – 919.

[11] Katz S, Down T D, Cash H R, Grotz R C. Progress in the development of the index of ADL [J]. The Gerontologist, 1970, 10 (1): 20 – 30.

[12] Latour Perez J, et al. Socioeconomic status and severity of illness on admission in acute myocardial infarction patients [J]. Social Science and Medicine, 1996, 43 (6): 1025 – 1029.

[13] Liang J, et al. Socioeconomic Gradient in Old Age Mortality in Wuhan, China [J]. The Journals of Gerontology Series B: Psychological Sciences and Social Sciences, 2000, 55 (4): S222 – S233.

[14] Liang L. Theoretical Exploration of Feminization of Care [J]. Collection of Women's Studies, 2011 (2): 12 – 18.

[15] Manton K G. A longitudinal study of functional change and motality in the United States [J]. Journal of Gerontology, 1988, 43 (5): 153 – 161.

[16] N Halfon, M Hocbstein. Life Course Health Development: An Integrated Framework for Developing Health, Policy, and Research [J]. Milbank Quarterly, 2002, 80 (3): 433 – 479.

[17] Nagin D S. Group – Based Modeling of Development [M]. Cambridge, MA, Harvard University Press, 2005.

[18] Preston Samuel H. The Changing Relation between Mortality and Level of Economic Development [J]. Population Studies, 1975, 29 (2): 231 – 248.

[19] Rutstein Shea O. Factors Associated with Trends in Infant and Child Mortality in Developing Countries During the 1990s [J]. Bulletin of the World Health Organization, 2000, 78 (10): 1256 – 1270.

[20] Ramadhani M K, et al. Innate Handedness and Disease – specific Mortality in Women [J]. Epidemiology, 2007, 18 (2): 208 – 212.

[21] Sliverstein M. Does intergenerational social support influence the psychological well – being of older parents? the contingences of declining health and widowhood [J]. Social Science and Medicine,

1994, 38 (7): 943 -957.

[22] Soini H, Routasslo P, Lagatron H, et al. Charac-teristics of the Mini - Nutritional Assessment in elderly home - care patients [J]. European Journal of Clinical Nutrition, 2004, 58 (1): 64 -70.

[23] Taylor M G, Lynch S M. Trajectories of impairment, social support, and depressive symptoms in later life [J]. Journal of Gerontology: Social Sciences, 2004, 59 (4): 238 -246.

[24] Wade. Functional abilities after stroke: measurement, natural history and prognosis [J]. Journal of Neuro Neurosur Psychiatry, 1987, 50: 177 -182.

[25] Wilkinson R G. Unhealthy Societies: The Afflictions of Inequality [M]. London: routledge, 1996.

[26] WHO. The world health report 2002 - Reducing Risks, Promoting Healthy Life [R]. https://www.who.int/whr/2002/en/.

[27] Yuan J M, Ross R K, Gao Y T, et al. Body weight and mortality: a prospective evaluation in a cohort of middle - aged men in Shanghai China [J]. International Journal of Epidemiology, 1998, 27: 824 -832.

[28] Zachary Zimmer, et al. Modeling Disability Trajectories and Mortality of the Oldest - Old in China [J]. Demography, 2012, 49 (1): 291 -314.

[29] Zhao Y, Smith J P, Strauss J. Can China age healthily? [J]. The Lancet, 2014, 384 (9945): 723 -724.

后　记

这本著作是根据笔者的博士论文修改而成的。三年博士学习生涯虽然短暂，但对笔者的影响尤其深远。

在此，笔者要感谢笔者的博士生导师——姜向群教授和硕士生导师——张文娟教授。本书写作期间，从选题的确定到研究框架的修正再到思路的调整，姜老师和张老师都不厌其烦地与笔者探讨交流，给予了耐心的指导和深刻的启示。姜向群老师真诚、谦逊、认真负责，其对学术求索的精神，做学问踏实的态度，都让笔者有诸多感慨，并于潜移默化中深受启发。姜老师对学生尤其和善，在生活上也竭尽所能为学生提供帮助。感谢姜老师为笔者创造了严谨、温馨、乐观的学术环境。张文娟老师会有很多的奇思妙想，行文写作以严谨著称。指导学生写论文时往往要反复修改七八遍，但也令学生收益良多。在学术之外，张老师如同家人一样，在生活上给予无限的关心、包容、支持。回想起过去，温暖以及思考的乐趣仍能真切体会，无以表达对老师的感激之情，仅在此向老师道一声最真挚的感谢，祝愿老师身体健康、工作顺利！

同时，感谢杜鹏老师、孙鹃娟老师、唐丹老师在笔者三年学习、生活中的指导与帮助。杜鹏老师总能高屋建瓴，提出超前的观念见解，往往一句话就是一篇论文的写作方向。感谢陆杰华老师一直以来的关心、指导与支持。陆老师治学严谨、品行正直、胸襟宽大，对待学生真诚、热心、负责。感谢巫锡炜老师、李婷老师、靳永爱老师在研究方法、研究思路上给出的细心指导。感谢人口系的老师在论文开题和预答辩时提出的宝贵意见。感谢人民大学所给予的这个充满了学习氛围的环境，是这里让笔者体会到了思考与成长的乐趣。

由于笔者水平有限，著作中疏漏欠缺之处在所难免，恳请各位专家、同行批评指正。

魏蒙

2020 年 8 月